Un été avec don Quichotte
by William Marx

Copyright ⓒ EDITIONS des Equateurs / France Inter (Paris), 2024
Korean Translation Copyright ⓒ Mujintree, 2025
All rights reserved.

This Korean edition was published by arrangement with EDITIONS des Equateurs (Paris) through Bestun Korea Agency Co., Seoul.

이 책의 한국어판 저작권은 베스툰 코리아 에이전시를 통해 저작권자와
독점 계약한 (주)뮤진트리에 있습니다. 저작권법에 의해 한국 내에서 보호를
받는 저작물이므로 무단전재와 무단복제를 금합니다.

돈키호테와 함께하는 여름

Un été avec don Quichotte

윌리엄 마르스
백선희 옮김

차례

서문 돈키호테와 함께하는 일생   09

01 – 이야기가 시작되는 지점   25
02 – 소설가의 삶과 더불어 소설이 시작되는 지점   30
03 – 돈키호테의 몸을 발견하는 지점   34
04 – 우리가 돈키호테라는 이름에 대해 의문을 품는 지점   39
05 – 돈키호테가 마담 보바리를 꿈꾸는 지점   45
06 – 돈키호테가 생제르맹데프레에 들이닥치는 지점   49
07 – 돈키호테가 할리 데이비슨에 올라타는 지점   54
08 – 돈키호테가 첫 번째 무훈을 실행하는 지점   58
09 – 책을 태우는 지점   64
10 – 산초 판사가 등장하는 지점   70
11 – 돈키호테가 통속적인 이미지가 되는 지점   74
12 – 《돈키호테》의 진짜 저자를 발견하는 지점   79
13 – 《돈키호테》가 20세기 작품이었더라면?   84
14 – 돈키호테가 페미니즘을 구하러 나서는 지점   91
15 – 돈키호테가 언어를 풍요롭게 살찌우는 지점   96
16 – 코를 막는 게 좋은 지점   101
17 – 계급 투쟁이 《돈키호테》 속에 끼어드는 지점   107
18 – 돈키호테가 사회를 위험에 빠뜨리는 지점   112
19 – 돈키호테가 셰익스피어를 만나는 지점   116
20 – 우리가 실재를 의심하는 지점   120
21 – 돈키호테가 둘시네아를 지어내는 지점   125
22 – 돈키호테가 강력한 여성을 만나는 지점   132
23 – 돈키호테가 세르반테스를 만나는 지점   136

24 - 신학이 소설 속에 끼어드는 지점	140
25 - 돈키호테가 익살 영화를 만들어내는 지점	148
26 - 돈키호테가 우리를 유토피아로 초대하는 지점	153
27 - 돈키호테가 집으로 돌아가는 지점	157
28 - 돈키호테가 《돈키호테》를 읽는 지점	162
29 - 산초 판사가 돈키호테를 홀리는 지점	167
30 - 광기가 지혜가 되는 지점	172
31 - 돈키호테가 무대에 뛰어드는 지점	177
32 - 돈키호테가 프랑수아 피농이라는 이름을 만나는 지점	182
33 - 바보들의 만찬이 철학으로 변하는 지점	186
34 - 독자 스스로 두 주인공의 제물임을 깨닫는 지점	192
35 - 《돈키호테》가 생존 교본이 되는 지점	198
36 - 산초가 권력을 쥐는 지점	205
37 - 동물들이 가장 주목받는 지점	210
38 - 역사의 비극이 들이닥치는 지점	215
39 - 돈키호테가 제 독자들을 만나는 지점	221
40 - 돈키호테가 새 소설을 시작하는 지점	226
41 - 산초가 언어의 신비를 탐색하는 지점	230
42 - 돈키호테가 세상 일주를 하는 지점	235
43 - 《돈키호테》가 근대소설을 발명하는 지점	244
44 - 돈키호테가 결국 죽지 않는 지점	251

연보	256
참고문헌	259
옮긴이의 말	262

- 일러두기

- 이 책은 William Marx의 《Un été avec don Quichotte》(Equateurs, 2024)를 우리말로 옮긴 것이다.
- 본문에 나오는 도서·영화의 제목은 원제목을 번역 표기하는 것을 원칙으로 하되, 국내에 번역 출간 및 소개된 작품은 그 제목을 따랐다.
- 본문 하단의 주註 중 별도로 표시 하지 않은 것은 모두 옮긴이의 것이다.

2023년 여름에 떠나간,
《돈키호테》의 걸출한 독자인,
밀란 쿤데라와 장 카나바지오를 추모하며.

서문

돈키호테와 함께하는 일생

2023년 5월 31일 수요일 13시 50분, 파리에서 나는 뇌졸중을, 옛날 사람들의 말로는 풍을 맞았다. 오른쪽 팔인지 아니면 오른쪽 다리인지를 움직일 수가 없었다. 무슨 증상인지 알아차리자마자 말을 하려는데 악몽을 꿀 때처럼 말이 나오지 않았다. 입이 마비되었고, 알아들을 수 없는 말만 튀어나왔다. 평소에 말이 무척 빨랐던, 빨라도 너무 빨랐던 나는 필사적으로 속도를 늦추고 근육 하나하나를 통제해서 구조의 말을 조음하려고 애썼다. 119. 119 불러. 문장이 마침내 목구멍에서 빠져나오고, 그러자 모든 게 빠르게 진행되었다. 구급대가 왔고, 15시에 나는 생트안 병원의 혈관신경과에 응급으로 들어가 치료를 받았으며, 한 시간 뒤에 모든 기능을 회복했다.

의술과 흠잡을 데 없는 치료 체계 덕에 나는 운 좋게도 사고 후유증을 조금도 겪지 않았고, 그 점이 지금까지도 놀랍다. 그러니 이 나라에 감사하지 않는 날이 하루도 없다.

그런데, 구급대원들이 나를 맡아서 병원으로 데려갈 때까지 나는 멈춰선 구급차 속에 누워 20분가량 기다렸다. 어느 병원이 나를 받기로 동의할 때까지. 도무지 끝날 것 같지 않은 기다림이었다. 너무 늦게 도착하진 않을까, 살아나더라도 영원히 불구가 되진 않을까, 나는 공포에 사로잡혔다. 들것 위에서 초조해하며 내 몸과 구급차라는 이중 우리에 갇힌 맹수처럼 내 정신이 빙빙 맴돌 때 그저 한 가지 생각이 위안이 되었는데, 내가 맡은 "돈키호테와 함께하는 여름"의 방송 내용을 모두 녹음해 두었으니, 〈프랑스 앵테르〉는 예정대로 7월과 8월에 방송을 내보낼 수 있으리라는 생각이었다.

나는 그 방송이 나의 음성 유작이 되리라고, 이 비극적인 사고를 조금 기회주의적으로 활용해 책을 홍보할 수 있겠다고 생각했다. 끔찍한 홍보 멘트가 내 귀에 들리는 듯했다. "윌리엄 마르스는 영원히 침묵하게 되었습니다만, 떠나기 전에 우리에게 큰 웃음을 남겼습니다. 들어보시지요!" 또는 비슷한 유형의 또 다른 바보 같은 소리가 들렸다. 이 생각은 어쨌든 나의 불안을 조금은 가라앉혔고, 내가 가로지르고 있는 터널에 빛을 비추기에 충분했다.

사람들은 나의 나르시시즘을, 비장미 취향을, 신파조 연출을 비난할 것이다. 어쩌겠나? 아마 사람들의 생각이 맞을 것이다. 이제는 나도 이 점을 질책한다. 하지만 곧 떠날 사람들, 혹은 그렇다고 믿는 사람들을 용서해야 한다.

그런데, 내 안의 모든 게 무너졌고, 더는 미래가 없다는 확신이 들던 그 운명적인 순간에 나를 위로해 준 건 비장하고 극적인 내 상상력이었다. 나는 멜로드라마를 사는 듯한 느낌이었다. 나의 불행 속에서 나는 더는 혼자가 아니었다. 나는 허구 속에서 불행의 모델과 동반자를 찾았다. 고백하건대, 아주 훌륭한 허구는 아닐지라도. 내 몸이 나를 저버리던 그 암담한 순간에, 나는 가상의 삶에 매달렸고, 그것이 내 안에서 해체되고 있다고 느꼈던 실제 삶에 의미를 부여해준 것이다.

***

훗날, 그 조난의 순간을, 그리고 그에 동반된 망상을 다시 떠올리면서 나는 깨달았다. 모든 걸 고려해볼 때, 내가 돈키호테와 같은 경험을 했다는 걸 말이다. 돈키호테도 제 삶을 소설처럼 살고 싶어 하고, 그렇게 삶에 의미를 부여하고 싶어 하잖나. 쉰 살쯤 된(내가 그보다 나이가 조금 더 많다) 그는 권태에 짓눌린 채 독서로 보낸 나날들을 매혹했던 기사도 이야기들을 자기 삶의 모델로 삼았다. 그에게도 나에게도 허구는 유일한 구원의 수단이 된다.

그에게도 나에게도, 라니, 내가 이 글에서 소설 속 인물과 나를 동등하게 설정하고 있다는 사실이 새삼 놀랍다. 마치 내 차례라도 된 양 또다시, 이번에는 뇌졸중의 핑계도 없이, 나는 돈키호테가 되고 있지 않은가. 다시 말해 내 삶을 소설로 바꾸고 있지 않은가.

그런데 그게 우리 모두의 운명이 아닐까? 우리가 저마다 《돈키호테》에 자유롭게 자신을 투사하고 싶은 유혹을 받는 건, 그것이 의미도 희망도 환상도 없는 세상을 마주할 수 있게 해주는 탁월한 작품이기 때문이다. 이 기발한 이달고[1]는 의미를 부여하던 모든 구조가 붕괴하는 세계를 마주한 근대인의 상징이다. 조상들의 기사도는 궁정과 정부의 귀족에게 자리를 내주고, 가톨릭교가 유럽 전역에서 부인되고, 기독교인과 무슬림들이 지중해를 둘러싸고 대적하고, 유럽인들은 다른 대륙과 다른 민족들과 동시대를 살고 있다는 걸 발견하고, 지구 자체가 우주의 중심에서 밀려나고 있는 세계 말이다. 세르반테스의 시대가 그랬다. 우리 시대에도 유사한 상황을 찾기란 쉽다. 이상 기후, 사회와 가족 형태에 대한 문제 제기, 진보에 대한 믿음의 종식, 가치와 문화의 충돌, 유럽의 문턱에서 벌어지는 터무니없고 비극적인 전쟁들, 세계 지배를 위한 무자비한 싸움. 우리가 환상을 잃을 이유는 에스파냐의 황금기 때 못지않게 많다.

이에 대해 세르반테스와 돈키호테는 어제만큼이나 오늘도 유효한 대답을 제시한다. 계속 믿고 그런 양 행

---

[1] 에스파냐의 하급귀족을 통칭하는 말.

동할 것. 희망을 품을 수 있는 가상 세계로 현실 세계를 대체할 것.

소설 속 인물이 된다는 건 초월성의 퇴보를 메우는 일이다. 달리 아무것도 없기에, 문학은 우리가 우리 삶을 꾸릴 수 있는 구심점이다.

그저 아름다운 이야기를 계속 이어가기 위해 관계를 지속하는 커플이 얼마나 많은가? 아마도 처음의 뜨거운 열정은 식었을 테지만, 다른 욕망이, 훨씬 고심했기에 훨씬 끈질기고 덜 원초적인 다른 욕망, 젊을 적부터 꿈꿔온 사랑을 일평생 새기려는 욕망이 자리 잡는 것이다. 멋지게 시작된 이야기를 왜 도중에 중단해서 모든 걸 망친단 말인가? 첫 장을 둘이 쓰기 시작한 로맨스 소설의 페이지들을 왜 찢는단 말인가? 앞으로 나아갈수록 중단할 가치는 줄어든다. 나는 노부부들이 서로를 사랑하기보다는 자신들을 하나로 묶는 사랑 자체를 더 사랑한다고 추측한다. 그들은 먼 문학적 영감에서 얻은 주인공 모델의 무의식적 희생양이 되어 필레몬과 바우키스[2], 또는 아벨라르와 엘로이즈[3]를 본받아 자신들의 개인적인 전설을 짓는다.

우리는 인물보다는 이야기에 더 충심을 다한다. 돈키호테는 둘시네아를 사랑하는 것보다(둘시네아가 존재하지 않으니 어찌 더 사랑할 수 있겠나?) 자신이 둘시네아와 함께 만들어낸 허구의 이야기를 더 사랑한다.

국가도 마찬가지다. 국가가 전쟁과 위기 속에서도 온갖 역경을 이겨내고 존재하는 건 오직 앞선 세대들이 시작한 이야기를 이어가고, 그 이야기에 충실하겠다는 집단적 의지를 통해서다. 역사책의 새 장을 쓰는 일에 자신의 안락과 사적 이익과 심지어 목숨까지 기꺼이 희생하려는 이들도 많다.

세르반테스의 소설이 가장 잘 지켜진 세상의 비밀처럼 드러내는 것이 바로 이것이다. 상상, 신화, 환상의 힘이 없으면 우리가 살아남지 못한다는 것. "그러니 존재하지 않는 것의 도움이 없다면 우리가 어떻게 되겠나?", 라고 훗날 폴 발레리는 쓴다.

돈키호테와 그의 시종 산초 판사의 모든 자질, 우리

---

2 그리스 신화에서 거지로 변장한 제우스와 헤르메스 신을 정성껏 대접한 선량한 노부부.
3 주고받은 편지로 사랑의 역사에 불멸의 이름을 남긴 중세의 연인.

가 두 인물을 여전히 사랑하고, 우리를 그들과 동일시할 수 있게 해주는 그 모든 자질이 바로 거기서 비롯한다. 그들의 천부적 선량함, 불의에 맞서는 투쟁, 모든 존재를 향한 연민. 물론 그들은 자신들에게 해가 되는 실수를 거듭 저지르고, 물러났던 현실이 결국 되돌아오면 혹독한 대가를 치르지만, 허구는 그들을 끝까지 선량하고 행복하게 만들어 줄 것이다.

임종 직전 이달고는 돈키호테라는 이름을 버리고 "선량한 사람" 알론소 키하노라는 이름을 다시 취했지만, 우리는 그가 오직 돈키호테로서의 삶을 통해 선량함에 대한 불멸의 명성을 얻을 수 있었다는 걸 알아야 한다.

세르반테스의 소설은 우리에게 관대하고 정의로우며, 나아가 영웅이 되도록 가르친다는 것. 이것만으로도 돈키호테와 함께 여름 한 철을 보낼 충분한 이유가 된다. 여름이든 아니면 다른 계절이든, 심지어 일평생이든. 왜냐하면 진정으로 고갈되지 않을 작품이니까.

***

  그런데 "함께하는 여름" 시리즈의 다른 작품들, 예를 들면 《몽테뉴와 함께하는 여름》이나 《프루스트와 함께하는 여름》처럼, 이번엔 왜 《세르반테스와 함께하는 여름》이 아닐까? 우리가 작가들에 관심을 기울이는 건 그들의 작품 때문이기에, 이런 점에서 나는 성자들보다는 바로 신을 향해 나아가는 편을 선호한다. 여기서 신은, 역설적으로 작가보다는 돈키호테다. 여러 면에서 이달고가 세르반테스를 낳았기 때문이다.

  분명히 이해하자. 세르반테스는 열정적이고 낭만적인 삶을 살았다. 이 세상 대부분의 작가, 심지어 대부분의 등장 인물보다 무한히 매혹적인 모험가의 삶이었다. 이 책에서 당연히 이야기할 삶이다.

  그러나 우리에게 세르반테스가 의미 있는 건 무엇보다 그가 창조한 예외적인 인물을 통해서다. 그의 작품은 본질적으로 그의 대표 소설 《비범한 이달고 돈키호테 데 라만차》와 동일시된다. 《모범소설집》이나 《페르실레스와 시히스문다의 고행》 같은 위대한 저작들도 이 기념비적 작품에 비하면 빛이 바래고, 이 작품들만으로는 작가 세르반테스를 세계 문학의 성인전에 올리는 걸 정당화하지 못할 것이다. 그러니 세르반테스와 여름 한 철을 보낸다는 건, 사실 그 이름을 창조한 사람보다 더 이름난 돈키호테와 함께 여름을 보내는 것이다.

더구나 돈키호테는 단순한 한 인물이 아니다. 그 자신도 저자로, 자기 삶의 저자다. 문학사를 통틀어 그는 일상의 행위와 몸짓을 통해 자기 삶의 서사시를 씀으로써 책 속에서처럼 자기 삶을 살기로, 자기 삶의 주인공이 되기로 작심한 최초의 인물이다. 그는 자신이 하나의 인물이 되었음을 알고, 자신이 경험한 모험을 읽는, 그리고 작가가 어딘가에서 자신을 조정하고 있다는 걸 짐작하는 최초의 인물이다(1편, 19장).

그는 허구와 현실을 가르는 장벽을 뛰어넘고, 자신의 이름을 단 소설을 모든 외양의 베일을 벗기고 모든 한계를 뛰어넘는 소설로 만든 최초의 인물이다. 현실의 독재를 고발하고, 인간 실존을 통상적으로 짓누르는 속박들에서 벗어나면서, 돈키호테는 소설이자 등장

인물로서(여기서 이 둘은 호환된다) 새로운 세상의 문을 열고, 허구와 상상이 제공하는 자유를 절제 없이 활용하도록 부추긴다.

돈키호테는 삶의 주인이다. 터무니없고, 헛소리를 해대는, 그밖에 뭐든 갖다 붙일 수 있는 미친 주인이다. 그럼에도 독자는 자기도 모르게, 뜻하지 않게, 결국 그를 진정한 친구로 발견하고, 그의 발자취를 따라가며 그의 교훈 가운데 몇몇을 자기 삶에 적용하길 바라게 된다.

바로 그래서 비범한 이달고는 돈 후안·햄릿·파우스트처럼, 어쩌면 그들보다 훨씬 강력한 현대 신화 중 하나가 된 것이다. 그는 아담과 이브만큼이나 세계적으로 유명하다. 그의 초상은 셜록 홈즈를 제외하고는 문학적 상상이 낳은 어떤 피조물보다도 곳곳에서 보여지고, 세르반테스의 이 소설이 물려준 키호티즘이나 둘시네아 같은 말도 흔히 얘기된다.

물론, 돈키호테의 모험은 결국 실패로 끝나지만, 적어도 그는 현실의 굴레에서 벗어나려고 애썼고, 자기 삶의 저자가 되려고 시도했기에 오늘날까지도 우리는 그의 노력과 좌절에서 무한히 배울 수 있다. 그의 시련이 현시대의 온갖 경험을, 가상 세계, 음모론, 유토피아의 필요성, 참여의 중요성 등을 가리키기 때문이다.

내 말에 무게감을 주려고 강력하고 묵직한 생각들을 잔뜩 늘어놓았는데, 문득 내가 옹호하려는 작품을(작품은 내가 필요하지 않겠지만) 배반하고 정작 본질을, 즉 웃음을 잊은 듯한 느낌이 든다. 이 소설은 미치도록 재미있고, 대담한 환상으로 여전히 독자를 놀라게 하기 때문이다. 돈키호테와 종자 산초 판사라는 짝은 문학사가 우리에게 제공하는 가장 익살스러운 짝 가운데 하나다.

이 작품을 그냥 지나치기에는 웃을 기회가 너무 적기도 하고, 세계 문학의 걸작 중 하나가 4세기 넘게 세상을 향해 코웃음을 치듯 희극적 특성을 띠고 있다는 사실도 마음에 든다. 삶에 대해 울기보다는 웃기. 이것이 세르반테스가 우리에게 주는 교훈이기도 하다. 진지한 정신에, 혹은 비극적 감정에 짓눌려 있는 요즘에 들을 만한 가치가 있는 보기 드문 교훈이다.

그러니, 우리가 돈키호테와 함께 여름 한 철을 보낼 만하지 않은가? 돈키호테와 그의 종자는 즐거운 휴가 동반자다. 유쾌하고 심오한, 우리가 얼핏 생각하는 것보다 훨씬 심오한 동반자다.

*

양파처럼 벗겨지는 작품은 위대하다. 한 겹 한 겹 벗겨질 때마다 새로운 의미를 드러낸다. 우리는 《돈키호테》를 처음엔 희극처럼 읽기 시작해서, 세르반테스가 주인공을 조롱하고 있다고 생각하다가, 실은 훨씬 복잡하다는 걸 깨닫고, 웃음과 아이러니의 베일 아래 감춰진 한결 비밀스러운 의미들 속으로 차츰 들어서게 된다. 사회와 세상에 대한 비판, 철학, 심지어 형이상학까지 파악하게 된다. 이 책은 모든 것에 관한 책이다. 이상理想, 생리生理, 경제, 정치, 종교, 사랑, 소수자, 여성 등. 모든 환상은 돈키호테의 비판적 분쇄기를 통과해 최종적 환멸에, 카스티야의 눈부신 태양만이 허용하는 치명적 명료함에 이른다.

이 책은 소설의 처음부터 끝까지의 이야기를 들려준다. 주인공의 모험을, 특히 불상사들을 첫 페이지부터 마지막 페이지까지, 그의 첫 가출부터 애처로운 죽음에 이르기까지 꼼꼼히 따라간다. 그리고 주인공의 착란이며 느닷없이 번득이는 지혜와 천재성을 끝없이 좇으며 하나의 독서 이야기, 나의 독서 이야기도 들려준다. 이 걸작을 읽고 또 읽으면서 내가 어떻게 덥석 물렸으며, 붙들렸고, 감동했으며, 마주치리라 상상조차 하지 못한 의문이며 현기증이며 교훈 들에 초대받았는지 이야기한다.

이 카스티야의 길을 앞서 걸은 이들이 많았는데, 이 자리에서 그들에게 경의를 표하고 싶다. 슐레겔 형제, 셸링, 생트-뵈브, 니체, 우나무노, 아메리코 카스트로, 오르테가 이 가세트, 게오르크 루카치, 엘리 포르, 토마스 만, 호르헤 루이스 보르헤스, 블라디미르 나보코프, 미셸 푸코, 마르트 로베르, 밀란 쿤데라, 장 카나바지오, 로제 샤르티에, 미셸 옹프레, 살만 루슈디, 알베르토 망겔, 리디 살베르, 그 밖에 더 많은 이들이 있는데, 비록 내가 이들을 따르고 있고, 이들의 작업에 기대고는 있지만 길 끝에 도달했노라고 주장하지는 않는다. 누가 그렇게 주장할 수 있겠나? 이것은 입문 여행이다.

많은 작가와 사상가들이 세르반테스의 소설을, 마치 현대판 성서라도 되는 양, 더 깊이 탐구해서 새로운 의미를 길어내려고 매년 다시 읽는 걸 변함없는 의식처럼 지키고 있다. 썩 권할 만하지 않은 습관들도 있다.

한 가지 분명한 것은 우리가 《돈키호테》에 관해 무엇을 말하고 쓰건 (나는 그에 관해 많은 것을 말하고, 알려지지 않은 많은 면면을 드러내길 희망한다), 비록 이 작품이 우리가 읽지 않고도 아는 작품들에 속할지라도 우리는 영원히 그 속에 남게 될 운명이라는 점이다. 이 작품은 언제나 우리를 압도할 것이다. 그것이 걸작 가운데 최고 걸작의 속성이다. 독서 자체를, 텍스트와의 내밀한 접촉을 대체할 수 있는 건 없다.

자기 경험과 자기 교양을 토대로 돈키호테와 개인적 우정을 쌓아가는 건 각 독자의 몫이다. 생트안 병원을 향해 사이렌 소리를 울리며 나를 실어가던 구급차 속에서 내가 독자들에게 제공하려고 꿈꾸었던 몇 개의 열쇠를 독자들이 이 책에서 찾을 수 있으면 좋겠다.

01
이야기가 시작되는 지점

그것은 이렇게 시작된다.[4]

> 그리 오래되지 않은 시절, 이름을 기억하고 싶지 않은 라만차 지방의 어느 마을에 한 이달고가 살고 있었는데, 그의 집에는 창걸이에 창이 걸렸고, 낡은 구식 방패와 사냥개와 말라빠진 말이 있었다.

이것이 문학의 역사를 통틀어 가장 유명한 도입부 (혹은 현학자들이 말하듯 모두冒頭) 가운데 하나인데, 다음의 도입부도 마찬가지다.

---

[4] 저자는 여기서 셀린의 《밤 끝으로의 여행》의 도입부를 암묵적으로 참고하고 있는 것으로 보인다.(-원서 편집자)

카르타고의 외곽 메가라에 있는 하밀카르의 정원에서 일어난 일이었다.

(귀스타브 플로베르, 《살람보》의 도입부)

혹은,

앙리 2세의 통치 말년만큼 프랑스에서 웅장함과 정중함이 꽃을 피운 적이 없었다.

(마담 라파예트, 《클레브 공작부인》의 도입부)

혹은,

행복한 가족은 모두 비슷하지만, 불행한 가족은 저마다의 방식으로 불행하다.

(레프 톨스토이, 《안나 카레니나》의 도입부)

그러니 도입부로 다시 돌아가 보자.

긴 세월, 나는 일찍 잠자리에 들었다.

아니, 아니 이 도입부 말고! 이건 마르셀 프루스트가 쓴 《잃어버린 시간을 찾아서》의 도입부다. 아니다, 내가 원하는 건 《돈키호테》의 도입부다.

> 그리 오래되지 않은 시절, 이름을 기억하고 싶지 않은 라만차 지방의 어느 마을에 한 이달고가 살고 있었는데, 그의 집에는 창걸이에 창이 걸렸고, 낡은 구식 방패와 사냥개와 말라빠진 말이 있었다.

얼마나 기이한 시작인가! 배경은 라만차 지방의 어느 마을로, 프랑스 땅이 아니라 마드리드 남쪽, 에스파냐 중부 지역인 라만차의 마을, 모험에 적합하지 않은 황량한 지역이고, 화자는, 다시 말해 이야기를 들려주는 자는 그 마을의 이름을 말하지 않는다. 그 이름을 기억하지 못하거나 전혀 몰랐던 것이 아니라, 그가 그 마을의 이름을 떠올리기를 원치 않기 때문이다. 요컨대, 그는 소설의 모든 독자가 알 권리가 있는 정보를 고의로 박탈한다. 소설들은 대개 다루는 인물과 사건들에 관해 많은 것을 알려주는데 말이다.

이름을 떠올리길 거부함으로써 화자는 프로이트가 억압이라고 부르는 것을 행한다. 그것도 우리 독자들 앞에서 의식적이고 공개적인 억압을. 이 억압은 어떤 이유에서일까? 나쁜 기억 때문일까?

어떤 이들은 세르반테스가 아르가마시야 데 알마라는 마을의 감옥에 투옥되었다고 주장한다. 그러면서 그가《돈키호테》를 쓴 감방, 그가 앉았던 의자, 그가 작업했던 탁자를 보여주는데, 잉크병 속에 잉크가 아직 남아 있다. 관광용 목적이 명백한 그런 지역 전설을 믿어야 할 의무는 누구에게도 없다.

사실 우리는 이야기 속의 이 공백의 이유는 결코 알지 못할 것이다. 우리가 그걸 아는 걸 소설이 절대 허용하지 않기 때문이다. 말하자면 화자는 조금은 뒤틀렸거나 변태적인 인물이다. 우리가 앞으로 그를 믿을 수 있을까? 무엇도 확실치 않다.

그런데, 화자가 보인 도입부의 묵설법은 오히려 현실감을 강화한다. 그가 마을 이름을 떠올리길 원치 않는 건 그 마을이 실재하고, 들려주는 이야기가 실제로 일어났기 때문이라고 독자는 생각하게 되는 것이다.

왜냐하면 존재하지 않는 것을 말하지 않아서 얻을 이득이 무엇이겠는가? 따라서 우리는 조종자 같은 이 이야기꾼에 대한 믿음과 경계 사이에서 우왕좌왕한다. 첫 문장부터 우리는 경계심을 품는다.

2편 말미에서 화자는 서두의 그 기이한 침묵으로 돌아간다. 화자가 기발한 이달고의 출신지를 밝히길 거부하는 건 "그리스의 일곱 도시가 호메로스의 고향을 두고 서로 다투었던 것처럼, 라만차 지방의 모든 고장과 마을이 돈키호테의 출신지를 두고 서로 싸우고 경쟁하게 하기 위해서"(2편 74장)라는 것이다. 정말로? 소설의 2편은 1편이 나오고 10년 후에 상상되고 쓰이고 출간되었다. 그러니 이 회고적 설명은 틀림없이 그때 지어낸 것이다.

세르반테스는 새로운 유형의 소설을, 들려주는 얘기에 대해 독자가 경계하는 법을 터득해야 하는 소설을 창시한다. 그것은 지성과 비판 정신을 가르치는 학교다. 책과 권위에 대한 모든 지식을 멀리하는 방식이다.

이후에 우리는 더 많이 알게 될까? 그건 다음 에피소드에서 보게 될 것이다.

02

소설가의 삶과 더불어 소설이 시작되는 지점

조금 돌아가 보자. 첫 장이 아니라 세르반테스가 독자에게 호소하는 서문으로. 그렇다, 이번에는 소설의 조금 변태적인 화자가 아니라 세르반테스가 직접 나선다. 그는 우리에게 무슨 말을 할까?

> 짬을 내어 내 책을 읽으실 독자여, 내 정신의 산물인 이 책이 상상할 수 있는 한 가장 멋지고 가장 잘 만들어지고 가장 지적인 책이 되기를 내가 바랐다는 것을 굳이 맹세까지 하지 않아도 그대는 믿을 수 있을 겁니다. 그렇지만 세상 만물이 자기와 닮은 걸 낳는다는 자연의 섭리는 누구도 어기지 못하는 법. 그러니 재주도 없고 배운 것도 없는 내가 무얼 지어낼 수 있었겠습니까? 무뚝뚝하고, 비쩍 마르고, 이전에 누구도 가져본 적 없는 기이한 망상을 잔뜩 품은 작자가 온갖 슬픈 소

리만 머무는 더없이 불편한 곳인 감옥에서 나올 법한 이야기가 아니면 무얼 지어낼 수 있었겠습니까?(1권 서문)

이렇게 출발부터 좋지 않다. 그러니까 이 책은 감옥에서 탄생한 걸까? 그런데 세르반테스 씨는 대체 누구인가?

미겔 데 세르반테스 사아베드라는 마드리드 인근의 알칼라 데 에나레스에서 1547년에 태어났다. 1605년 《돈키호테》가 출간되었을 때 그는 거의 예순 살이 되었는데, 이른바 모험가의 삶을 살아왔다.

그의 아버지는 이발사 겸 외과의사였고 어머니는 코르도바의 의사 집안 출신이고, 당시 사람들이 "새 기독교인"이라고 불렀던 개종한 유대인 집안으로, 대단히 가톨릭 국가였던 에스파냐에서는 곱지 않은 눈길을 받았다. 이 문제에 대해서는 여전히 의문이 남아 있다.

미겔은 넷째 아이였고, 성년의 나이까지 살아남은 첫 번째 아들이었다. 그는 대학을 조금 다녔다. 추기경의 하인이 되어 로마로 떠났는데, 혹시 어쩌면 추기경의 총애를 받는 애인이었을까? 그 후 그는 군인으로 복

무하고, 1571년에는 모든 시대를 통틀어 가장 큰 해전 가운데 하나인 레판토 해전에 참전한다. 이 전투에서 에스파냐와 베네치아는 오스만투르크의 함대를 격파하는데, 미겔 데 세르반테스는 화승총에 맞아 왼손을 쓰지 못하게 된다. 그렇게 그는 후손들에게 영원히 "레판토의 외팔이"로 남는다. 어쩌면 바로 그래서 돈키호테가 *라만차*[5] 지역 출신이 된 건지도 모른다!

이후, 세르반테스는 사략선 해적들에게 붙잡혀 알제에서 노예로 5년을 보내며 네 번이나 탈출을 시도하지만 실패한다. 결국 몸값을 지불하고서야 풀려난다. 에스파냐로 돌아온 그는 결혼을 하고, 공무원이라는 애매한 일자리를 얻는다.

거기서 그는 석연찮은 돈 문제에 연루되는데, 어쩌면 무죄였을지도 모르지만, 세비야에서 투옥되고, 몇 달 후인 1597년에 풀려난다. 이 세비야의 감옥에서 《돈키호테》에 대한 아이디어가 싹텄고, 아마도 쓰기 시작했을 것이다.

---

[5] 외팔이를 뜻하는 에스파냐어 'el manco(프랑스어로는 le manchot)'와 '라만차la Mancha'라는 단어의 유사성을 염두에 두고 하는 말.

그것이 그의 첫 시도는 아니었다. 이미 그는 극작품 수십 편을 썼고, 《라 갈라테아》라는 소설도 한 편 썼다. 당시 유행하던 장르였지만 《라 갈라테아》는 좋은 평가를 받는 정도의 성공밖에 거두지 못했다. 하지만 《돈키호테》는 전혀 다르다.

> 제가 오랜 세월 동안 망각의 침묵 속에 잠들어 있다가 나이만 먹고 지푸라기처럼 메마르고, 기발할 것도 없고, 문체도 없고, 재치도 빈약하며, 학식이나 가르침도 못 갖춘 채, 여백이나 말미에 주석도 달지 않은 이 책을 대중에게 내놓으려고 돌아왔습니다. (1편, 서문)

"그러니까 그 책이 《돈키호테》라고?" 이런 홍보는 전혀 흥미를 돋우지 못한다.

아무것도 믿지 마시라. 세르반테스라는 이 모험가는 삶 자체가 한 편의 소설로, 끊임없이 당신을 속이려 든다. 그러니 그가 자신의 반反영웅에 대해 내놓는 반反홍보는 그 자체로 모든 허구의 가식에 대한 경고다.

03

돈키호테의 몸을 발견하는 지점

우리가 신체적 정보를 전혀 알지 못하는 문학의 주인공들이 있다. 마담 보바리나 바르다뮈[6]를 알아볼 사람이 있을까? 이들은 길거리에서 흔히 보이는 남자나 여자와 혼동된다. 소설가들이 자기 인물들의 외모에 관해 항상 많은 말을 늘어놓지는 않는다.

가르강튀아와 팡타그뤼엘은 이미 아주 다르다. 폭식증 환자처럼 뚱뚱하고 선량한 이 거인들은 눈에 안 띌 수 없다. 돈키호테 같은 인물과 결코 혼동될 일이 없다!

돈키호테는 무엇보다 하나의 몸이다. 깡마르고, 길고, *보통의* 주인공으로는 이미 지나치게 나이가 많은 몸. 그는 반영웅이다.

---

[6] 루이 페르디낭 셀린의 《밤 끝으로의 여행》의 주인공.

첫 몇 문장에서부터 우리는 그의 용모가 미남 주인공의 면모라곤 갖추지 못했다는 걸 본다.

우리의 이달고는 나이가 쉰에 가까웠고, 허우대는 번듯하나, 몸이 말라비틀어졌고, 얼굴도 야위었으며, 언제나 일찍 일어났고, 사냥을 무척 좋아했다.(1편 1장)

소설 전체에 걸쳐 묘사는 전혀 달라지지 않는다.

반 레과[7]쯤 될 만큼 길쭉하며 누렇고 홀쭉한 그의 얼굴과 위풍당당하고 진지한 거동을, 그리고 잡다하게 이어 붙인 갑옷을 응시하며 그들은 할 말을 잊었다.(1편 37장)

다른 곳에서는 그의 초상이 조금 더 자세히 묘사된다.

그는 키가 크고 말랐으며 얼굴이 홀쭉하고, 머리가 희끗희끗하고, 살짝 매부리코에, 시커멓게 늘어진 콧수염을 달고 있

---

[7] 옛날 거리 단위로, 1레과는 약 4킬로미터에 해당한다.

다.(2편 14장)

더 뒤에서는 "길쭉하고 비쩍 마른 다리에 털이 무성하게 나 있어 더러워 보이는"(1편 35장) 돈키호테를 보게 된다.

우리는 이 남자의 생김새를 알고, 손에 창을 들고 발끝부터 머리끝까지 무장한 채, 뼈가 드러날 정도로 앙상한 말을 탄 모습으로 등장하는 곳곳에서 그를 알아본다. 귀스타브 도레, 오노레 도미에, 파블로 피카소가 다른 어떤 실루엣과도 닮지 않은, 마르고 신경질적인 그의 길쭉한 실루엣을 우리의 집단 기억 속에 새겼다.

테리 길리엄 감독이 돈키호테의 역할을 맡긴 장 로슈포르의 실루엣이 바로 그렇다[8]. 엘 그레코를 닮은 신비롭고 애잔한 실루엣이 너무도 도드라져, 종자 산초 판사는 별명 하나를 자연스럽게 떠올린다. "슬픈 몰골의 기사". 진정한 반영웅의 이 별명을 돈키호테는 주저

---

[8] 테리 길리엄 감독의 영화 《돈키호테를 죽인 사나이》(2018). 1998년에 제작을 시작했으나 장 로슈포르의 건강 문제로 촬영이 중단되었다가 돈키호테 역에 조너선 프라이스가 캐스팅되면서 2018년에 개봉되었다.

없이 받아들인다.

- 그리고 이 이름이 내게 더 어울리도록, 틈나는 대로 내 방패에 아주 슬퍼 보이는 얼굴을 하나 그려 넣게 해야야겠구나.
- 괜히 시간과 돈만 낭비하시게 될 겁니다. 그러시지 말고, 나리의 얼굴을 보려는 자에게 나리께서 직접 얼굴을 들이대시면 되지요. 그러면 그림도 방패도 필요 없이 그 이름이 딱 떠오를 테니까요. 나리, 맹세코 농담으로 하는 말입니다만, 허기지고 이빨까지 빠져서 나리 얼굴이 참으로 보기 딱하니 나리 방패에 그런 그림을 굳이 그리지 않으셔도 괜찮겠습니다.

(1편 19장)

돈키호테는 이 느닷없는 발견에서 거의 기적적인 신호를 본다. 그의 무훈을 글로 쓸 임무를 맡은 역사가가 산초에게 이 별명을 떠올리게 했으리라는 것이다. 전설적인 위대한 기사들이 저마다 제 별명을 가진 것처럼 말이다. 이달고는 자신이 지금 집필되고 있는 이야기, 바로 우리가 읽고 있는 이야기의 주인공임을 아찔하게 예감한다.

이렇게 돈키호테는 스스로 바로 자신의 무기, 문장학에서 일컫는 *말하는 무기*가 되어, 다시 말해 그림 수수께끼의 방식으로 제 이름을 알린다. 이를테면 뒤퐁 씨가 자기 가문 문장에 그릴 그림으로 다리[9]를 고르듯이.

차이점은 돈키호테에겐 문장을 그려 넣은 방패조차 필요 없다는 것이다. 그의 몸 자체가 그를 기호의 세계에 새겨넣기 때문이다.

원탁의 기사 소설들에서 로엔그린은 백조의 기사였다. 사자 기사도 있듯이. 돈키호테는 기호-기사가 될 것이다. 슬픈 얼굴의 그는 스스로 자신의 상징이고, 문학이 지속되는 한 영원히 카스티야의 지평선과 우리의 모든 책 속을 편력할 그림 기호이다.

---

[9] 뒤퐁Dupont이라는 이름은 프랑스어 다리pont를 떠올리게 한다.

04

우리가 돈키호테라는 이름에 대해 의문을 품는 지점

분명히 돈키호테의 이름은 돈키호테다. 끝난 사실이다. 스스로가 슬픈 몰골의 기사로 불리는 걸 좋아하는 자를 우리는 이 이름으로 알고 있다. 사실, 문제는 훨씬 복잡해서 이런 질문이 제기된다. 돈키호테의 진짜 이름은 무엇일까?

일반적으로, 소설 속에서 주인공의 이름은 이야기가 즉각 제공하는 정보다. 그것은 우리에게 접근할 권리가 주어지는 기본 정보에 속한다. 율리시즈, 팡타그뤼엘, 캉디드, 뤼시앙 드 뤼방프레[10], 데이비드 코퍼필드[11], 에마 보바리 등. 주인공의 호적을 아는 건 소설가와 독

---

[10] 발자크의 《인간 희극》 가운데 《잃어버린 환상》과 《창녀들의 영광과 비참》의 인물.
[11] 찰스 디킨스의 준자전적 소설 《데이비드 코퍼필드》의 인물.

자 사이의 오래된 표준계약에 속한다. 우리는 그걸 이렇게 요약할 수 있을 것이다. 좋아, 나는 너의 소설을 읽을 테니, 그 대신 너는 내게 인물들에 관해, 그리고 그들에게 일어나는 일에 관해 믿을 만한 정보를 제공하라.

어쨌든, 우리에게는 다행히도, 《돈키호테》는 다른 어떤 소설과도 닮지 않고, 그 저자는 천진하게도 자기 주인공의 이름이 무엇인지 모른다.

> 그의 이름이 키하다였는지 케사다였는지는 잘 알지 못한다(그에 관해 쓴 작가들도 이 점에 대해서는 의견이 분분했다). 그래도 추측해보건대 그의 이름은 아마도 케하다였을 것이다. 그러나 이 문제가 우리 이야기에는 중요하지 않다. 이야기를 들려주면서 진실에서 어떤 식으로든 벗어나지만 않으면 된다.(1편 1장)

"이 문제가 우리 이야기에는 중요하지 않다"고? 이봐요, 작가 양반, 소설에서 주인공의 이름은 꼭 필요한 요소라는 걸 잘 알잖습니까. 키차다Quichada인지 키하다Quijada인지는 에스파냐어로 턱뼈를 상기시키고, 케사다Quesada는 치즈 파이의 이름이다. 소설의 주인공은 이보다는 나은 대접을 받아 마땅하지 않나.

소설가에게는 천만다행으로, 주인공은 자신이 살고자 하는 모험에 걸맞은 이름을 갖기로 마음먹는다. 먼저 그는 자기 말의 이름을 고른다. "로시난테, 이 이름이 그에게는 고상하고 울림도 좋았고, 자기 말이 *전에는(안테스antes)* 그저 *여윈 짐말(로신rocin)*이었지만 지금은 세상의 모든 말들 가운데 *제일의(안테스antes!)* 말이 되었음을 명백히 의미했다". 그런 다음,

> 자기 말에게 그토록 멋진 이름을 지어주고 나서 우리의 기사는 자기 자신에게도 이름을 붙이고 싶었다. 그래서 일주일 동안 고심한 끝에 자신을 돈키호테라 부르기로 결심했다 (진실한 이 이야기의 저자들은 우리의 주인공이 일부 사람들이 주장하는 것처럼 케사다가 아니라 키하다였을 거라고 결론 지었다). (1편 1장)

돈키호테 데 라만차! 라만차의 돈키호테, 근사하지 않나? 그렇게까지 멋진 건 아니다. 키호테란 넓적다리

가리개를 가리키는 갑옷 부품이니 말이다. 만약 프랑스어로 '라만차의 넓적다리 가리개 나리'라고 부른다면 곧바로 덜 진지해 보이잖나.

그런데 돈키호테는 과대망상증이 있다. 우선, 평범한 이달고 혹은 가장 낮은 계급의 귀족으로서 그는 '돈 *don*'이라는 칭호를 가질 권리가 없다. 게다가, 그의 머릿속에서 돈키호테는 란사로테, 즉 원탁의 기사들 가운데 가장 유명한 기사인 랜슬롯의 에스파냐 이름과 운율이 맞다. 과대망상이 확실하다!

인용한 구절에서 사람들은 저자가 키호테의 실명에 관한 자신의 가설을 수정하는 걸 눈치챘을 것이다. 케하나나 케사다가 아니라 키하다로. 인정하자.

조금 더 뒤쪽에서 한 농부가 돈키호테를 이렇게 부르지만 않았어도 별 문제가 되지 않았을 것이다.

키하나 나리, (그가 온전한 분별력이 있었을 때, 다시 말해 얌전한 시골 귀족이었을 때, 아직 편력 기사가 되기 전에는 이렇게 불렸던 모양이다), 누가 나리를 이런 꼴로 만들었답니까? (1편 5장)

그래서 이제는 키하다가 아니라 키하나인 건가? 이 오락가락하는 이름의 왈츠는 얼마나 더 오랫동안 계속될까?

그렇다, 친구들이여! 소설의 마지막 페이지까지 가 봐야 할 것이다. 돈키호테가 죽음에 이르러 다시 이름을 바꾸고 자신의 원래 이름으로 되돌아가기로 결심할 때까지 기다려야 할 것이다.

축하해 주시오, 선량한 분들이여, 나는 이제 돈키호테 데 라 만차가 아니라 알론소 키하노라오. 내 처신 덕에 '착한 자'라는 별명을 얻게 되었지요.(2편 74장)

알론소 키하노, 그러면 이것이 돈키호테의 진짜 이름일까? 그에 대해 진지하게 의심을 품어 보자. 제대로 골탕 먹은 독자는 이제 모든 걸 불신하게 되었고, 그건 세르반테스의 소설이 주는 큰 교훈 가운데 하나이다.

다른 교훈은 훨씬 더 심오하다. 돈키호테의 실제 이름은 거듭 바뀌지만 자신이 고른 이름, 소설 속 인물의 이름인 돈키호테는 절대로 바뀌지 않는다는 것이다.

모든 게 항상 변하고, 현실이 모래처럼 우리의 손가락 사이로 그리고 발밑으로 새어 나가는 세상에서 문학은 우리가 구원의 확신을 갖고 삶을 펼쳐나갈 수 있는 구심점이다. 허구가 제공하는 구원 말이다.

05

돈키호테가 마담 보바리를 꿈꾸는 지점

돈키호테의 삶은 이야기들이, 다시 말해 그가 분별력을 잃을 정도로 읽는 기사도 소설들이 끼어들지 않았더라면 평탄하게 흘러갔을 것이다.

> 그 내용은 한결같이 사랑, 사랑하는 남녀, 고독한 별채에서 박해받고 실신하는 여인들, 역참마다 살해당하는 마부들, 페이지마다 혹사당하는 말들, 어두운 숲들, 마음의 불안, 맹세, 흐느낌, 눈물과 입맞춤, 달빛 아래 조각배, 숲속의 꾀꼬리들, 사자처럼 용감하고 어린 양처럼 순하고, 더할 나위 없이 덕망 있으며, 언제나 말끔히 차려입은, 그렇지만 물항아리처럼 눈물을 흘리는 신사들뿐이었다. 열다섯 살이 된 에마는 여섯 달 동안 낡은 서재의 책 먼지로 손을 더럽혔다.[12]

그렇다, 여러분은 제대로 읽었다. *에마*다!

에마는 사실 돈키호테의 다른 이름이다. 귀스타브 플로베르가 《마담 보바리》에서 그에게 붙인 이름이다. 이 작품은 세르반테스 소설의 현대판으로, 여러분은 거기서 발췌한 일부를 막 읽은 것이다. 소설 읽기라는 젖병으로 길러진 에마 보바리는 투구나 갑옷은 걸치지 않았지만, 독서로 보낸 오후를 홀린 모험을 직접 체험하기를 돈키호테만큼이나 갈망하는 도나 키호테다. 두 인물은 이런 관점에서 거의 구분이 불가능할 정도다. 작은 수수께끼를 내보겠다. 이를테면 아래의 글은 누구에 관한 얘기일까?

> 그녀는 독서에 너무도 몰두해서 저녁부터 아침까지, 아침부터 저녁까지 책을 읽으며 밤과 낮을 보낼 정도였다. 거의 잠을 자지 않고 독서에만 몰두하는 바람에 뇌가 말라붙어서 분별력을 잃고 말았다. 마법, 싸움과 전투, 결투, 부상, 달콤한 속삭임, 사랑, 번민, 불가능한 모험 등, 책 속에서 만난 온갖

---

12 귀스타브 플로베르, 《마담 보바리》.

것들이 머리 속에 가득했다. 황당무계한 그 이야기들을 너무 강력히 믿어서 그녀에겐 세상에 그보다 더 사실적인 이야기가 없었다. (1편 1장)

에마라고 생각하는가? 이건 돈키호테의 이야기다. '그'를 '그녀'로 대체한 것뿐이다. 에마의 몽상도 에스파냐 기사의 몽상에 뒤질 게 전혀 없다.

그녀는 역사물에 빠져서, 여행 궤짝과 위병 대기실과 음유시인을 꿈꾸었다. 그녀는 오래된 대저택에서 긴 드레스를 입고 성의 여주인처럼 살고 싶었다. 첨두홍예[13]의 클로버 장식 아래에서 돌벽에 팔꿈치를 얹고 손으로 턱을 괸 채 들판 저 멀리에서 흰 깃털을 단 기사가 검은 말을 타고 달려오는 걸 바라보며 세월을 보내고 싶었다.

그런데, 저 "흰 깃털을 단 기사"는 바로 돈키호테가 되려고 꿈꾸는 기사가 아닐까? 이렇듯 돈키호테는 마

---

[13] 꼭대기가 뾰족한 아치. 고딕 건축의 중요한 특징 중 하나.

담 보바리의 꿈속 인물이다. 그녀는 자신을 라만차의 이달고가 만나길 꿈꾸는 이상적인 연인이라고 꿈꾸는 것이다. 이 이야기에서 누가 누구를 꿈꿀까?

"장자가 꿈에 나비가 된 건지, 아니면 나비가 꿈에 장자가 된 건지?" 중국의 도교 철학자는 자문했다. 마찬가지로, 돈키호테와 마담 보바리는 서로 알지도 못하고 만나본 적도 없으면서 서로를 꿈꾼다. 그래도 세르반테스의 소설을 읽은 사람은 있다. 귀스타브 플로베르다. 그는 세르반테스의 소설에서 《감정교육》과 《부바르와 페퀴셰》에 이르기까지 자신의 모든 주인공의 모델을 찾았다.

《돈키호테》와 《마담 보바리》가 현대소설의 역사에 깊은 흔적을 남겼다면, 그것은 이 소설들이 독자들을 그들의 주인공으로 삼았기 때문이다. 우리를 향해 이런 메시지를 던지며. 독자 여러분, 소설과 현실을 혼동해서 스스로 소설 속 인물처럼 생각한다면 참으로 불행한 일입니다!

06

돈키호테가 생제르맹데프레에 들이닥치는 지점

우리는 소설 읽기에 심취한 돈키호테가 어떻게 소설 주인공의 삶을 살기로 결심하는지를 앞선 일화들에서 보았다.

물론, 소설의 인물이 소설의 인물이 되겠다고 선택하는 일은 흔치 않다. 보통, 인물은 흘러가는 대로 제 삶을 살고, 우리 독자들의 눈에 그는 하나의 인물로 존재한다.

하지만 《돈키호테》는 모든 점에서 특별한 소설이다. 그래서 우리가 여름 한 철을 이 소설과 더불어 보내는 즐거움에 저항하지 못하는 것이다. 이어질 내용을 전혀 누설하지 않고, 그저 계속 놀라고, 심지어 낙마까지 할 마음의 준비를 하자. 기운이라곤 없는 제 말에서 필요 이상으로 자꾸만 떨어지는 이달고에게 문자 그대로 낙마가 닥치듯이. 그건 이 소설의 주인공이 영웅이라기보다는 반영웅이기 때문인데, 그래서 얼마나 딱한지는 곧 보게 될 테니 미리 앞당겨 말하진 않겠다.

돈키호테에게 소설 같은 삶을 산다는 건 곧 기사가 되는 것이다. 그가 읽는 것이 기사도 소설이기 때문이다. 그런데, 갑옷 없는 기사는 없다. 다행히, 선량한 귀족이자 귀족의 후손인 그는 자기 집 어느 구석에서 조상의 것이었던, "잔뜩 녹슬고 곰팡이가 핀" 갑옷을 찾아낸다. 그걸 닦고 기름칠을 하니 쓸만하다.

그런데 갑옷에 투구가 없다. 모든 보병이 쓰는 평범한 철모로는 충분치 않다. 올리고 내릴 수 있는 면갑이 달린 투구는 보병과 구분해서 기사의 본질을 드러내는 기호다.

아무러면 어떤가! 돈키호테는 갑옷과 함께 굴러다니던 철모를 집어들고 변형한다.

그가 두꺼운 판지로 면갑을 만들어 철모에 붙이니 투구의 꼴이 갖춰졌다. 그러자 그는 그것이 얼마나 튼튼한지, 칼날에 얼마나 견딜 수 있는지 확인해 보려고 칼을 뽑아 내려쳤는데,

> 일주일 동안 만든 것이 단칼에 망가지고 말았다. (1편 1장)

마지막 문장의 유머에 주목하자. 우리의 주인공이 낡은 철모에 면갑 비슷한 걸 붙이는 데 꼬박 일주일이나 걸렸다! 이런 걸 우리는 D 시스템이라고 부른다. 여기서 D는 물론 돈키호테의 D다.

아무리 그래도 판지 쪼가리가 어떻게 면갑 구실을 *제대로* 할 수 있겠나? 아니면 그저 가장무도회의 의상을 입은 것처럼 연기를 하거나 흉내를 내려는 걸까. 진짜 전투에 쓰이기엔 얼토당토않다.

그렇다면 의문이 제기된다. 돈키호테는 정말 기사가 되고 싶은 걸까, 아니면 기사인 것처럼 연기를 하고 싶은 걸까? 이 둘은 전혀 같은 말이 아니다. 그런데 그 자신은 이 사실을 알까? 처음 만든 면갑이 망가졌을 때 그가 보인 반응은 놀랍고 대단히 의미심장하다.

> 면갑이 너무 쉽게 산산조각 나자, 그런 위험에 대비해서 이번에는 안쪽에 쇠막대를 대고 튼튼하게 다시 만들었다. 자신이 만든 것이 마음에 드는데 다시 시험하고 싶지 않아서 그는 아

주 완벽한 투구를 갖게 되었다고 단언했다.

이렇게 돈키호테는 새 면갑의 견고성을 시험하지 않는 편이 더 신중하다고 생각한다. 그런데 이런 태만은 무엇으로 정당화되는가? 조금만 건드려도 부서지는 투구는 엄밀히 말하자면 아무 쓸모가 없다. 견고성을 시험하길 거부하는 건 사실 자신의 안전을 해치더라도 어서 빨리 모험에 나서고 싶은 돈키호테의 환상을 지키려는 것이다.

여기서 이 인물의 *자기기만*이 드러난다. 장 폴 사르트르가 《존재와 무》에서 이 개념에 부여한 의미로의 자기기만이다. "자기기만에서 내가 진실을 숨기는 상대는 나 자신이다."

카페 보이가 과장해서 카페 보이를 *연기*하는 것처럼, 돈키호테는 내심 자신이 기사가 아니라는 걸 온전히 알지만, 자신의 꿈을 살며 자유로운 주체가 아니라 소설의 인물이 될 수 있도록, 다시 말해 단순한 객체가, 사르트르적 의미로 운명이 미리 정해진, 사물이 될 수 있도록 그 의식意識을 자기 자신에게도 감춘다.

그렇다면 세르반테스는 실존주의가 도래하기 전에 실존주의자였을까? 모든 건 마치 그가 그레코—쥘리에트 그레코가 아니라 화가 엘그레코 말이다—와 함께 생제르맹데프레의 지하 술집들을 드나들었던 것처럼 흘러간다.

07

돈키호테가 할리 데이비슨에
올라타는 지점

앞선 일화들에서 우리는 돈키호테가 어떻게 기사 갑옷을 직접 만들었는지 보았다. 그런데, 그가 소설의 꿈으로 살고 싶어 하는 그 기사도란 대체 뭘까?

우선, 갑옷이 기사를 만들지는 않는다. 기사 서임을 받아야 한다. 그런데 누구에게? 원칙적으로는 오직 기사만이 당신을 기사로 만들 수 있다. 하지만 그건 모든 규칙을 무시하고, 처음 만나는 아무에게나 기사 서임을 받기로 결심하는 돈키호테의 조바심을 고려하지 않으면 그렇다는 얘기다.

그의 모험 대부분을 특징짓는 현실의 변형이 여기서 시작된다. 그가 들어간 객줏집이 그에겐 성이 된다. 객줏집 앞 거리에 늘어선 몸을 파는 여자들을 그는 궁중 규수들로 대한다. 그를 맞이하는 교활하고 간사한 객줏집 주인에게는 그 성의 고결하고 너그러운 성주에게 요청하듯 기사서임을 부탁한다.

"찌그러진 면갑을 묶은 초록색 끈의 매듭이 풀리지 않아 잘라 버리지 않을 수 없었는데, 돈키호테가 한사코 자르지 못하게 해서" 여자들은 그걸 벗기지 못하고 쩔쩔맨다. 돈키호테는 결국 투구를 쓴 채 밤을 보낸다. 식사 때도 똑같은 희극이 펼쳐진다.

> 머리 위의 투구와 면갑 때문에 그는 제 손으로 입에 아무것도 집어넣을 수가 없어 여자 중 한 사람이 먹여 주어야만 했다. 하지만 마시는 건 도무지 어떻게 할 수가 없어서 객줏집 주인이 갈대 속을 비운 후 돈키호테에게 한쪽 끝을 입으로 물게 하고 다른 쪽 끝으로 포도주를 흘려 넣어주지 않았더라면 그는 갈증을 해소하지 못했을 것이다. 우리의 기사는 투구의 끈을 자르지 않으려고 이 모든 걸 인내심을 갖고 참아냈다. (1편 2장)

기사 서임식도 같은 식이다.

> 객줏집 주인은 마부들에게 준 짚과 보리의 분량을 적어놓은

장부를 한 권 가져왔다. 쓰다 남은 초를 든 아이 하나와 위에서 말한 여자들을 데리고 주인은 돈키호테의 곁으로 돌아왔고, 그에게 무릎을 꿇으라고 명령했다. 그러곤 경건한 기도책이라도 읽듯이 자기 장부를 읽으며 한 손을 들어 돈키호테의 목덜미를 호되게 친 뒤 칼등으로 돈키호테의 어깨 위를 세게 내리쳤고 입속으로 계속 중얼거렸다. 그런 다음 여자 한 명에게 기사에게 칼을 채워주라고 명령하자, 여자는 아주 우아하고 품위 있게 칼을 채웠다. 순간순간마다 사람들은 터져 나오는 웃음을 참느라 무진 애를 썼다.(1편 3장)

기사 서임식에 대한 멋진 패러디다!

그렇지만 이 모든 거짓 꾸밈 중 어떤 것도 소설이 출현한 시대인 17세기 초에 기사가 되겠다는 생각 자체만큼 터무니없지는 않다. 돈키호테의 모델이 된 편력 기사는 순전히 허구의 인물들로 존재했을 뿐이다. 세르반테스의 시대에도, 왕국과 제국이 완벽하게 조직된 군대를 동원해 서로 충돌하던 때에도(더구나 작가는 레판토 해전에서 한쪽 팔을 못 쓰게 되었으니 이에 대해 어느 정도 안다) 편력 기사의 원칙은 오늘날만큼이나 시대착오적이었다.

예전이나 오늘이나 편력 기사는 결국 사회적 관습과 동떨어져서, 돈도 없고, 가족도 없이, 무료 숙식과 노숙으로 이루어지는 유랑하는 삶을 영위하려는 급진적 개인주의와 독자성을 누리는 절대자유주의의 이상으로서만 의미가 있다.

무장하고 말을 타고 모험을 찾아 나서는 돈키호테는 사실 영화 〈이지 라이더〉에서 할리 데이비슨을 타고 아메리카를 가로지르며 가는 곳마다 적개심에 직면하는 히피 바이커들의 바로크적 등가물이다. 우리가 알다시피, 결국 그들의 끝은 좋지 않을 것이다. 돈키호테는 조롱거리가 되지만, 그럼에도 그는 오토바이만 안 탔을 뿐 여러 면에서 문학 최초의 *비트족*이다.

08

돈키호테가 첫 번째 무훈을 실행하는 지점

이제 돈키호테는 기사가 되었다. 그는 여전히 성으로 여기는 객줏집을 떠나 돈과 옷을 챙기고, 무엇보다 자기 모험에 동행할 종자를 구하기 위해 집으로 돌아간다. 용맹한 기사는 종자 없이 떠돌지 않기 때문이다. 이건 체면 문제다.

> 그런데 그가 길을 나선 지 얼마 되지 않아서 오른편 숲에서 누군가 한탄하는 듯한 소리가 약하게 들리는 것 같았다. 그는 즉각 혼잣말을 했다.
> – 편력 기사로서 내 임무를 수행할 기회를 지체 없이 마련해 나의 용맹한 목표의 결실을 거둘 수 있게 해주신 하늘에 감사해야겠어! 저 한탄은 나의 도움과 보호를 기다리는 사람이 내는 소리가 틀림없어.

그는 고삐를 돌려 소리가 나는 쪽으로 로시난테를 몰아갔다. 숲속으로 몇 걸음 다가가니 떡갈나무에 말 한 마리가 매여 있고, 열다섯 살가량 되어 보이는 사내아이가 허리춤까지 벌거벗은 모습으로 묶여 있는 게 보였다. 신음을 낸 건 그 아이였는데, 그럴 만한 이유가 있었다. 기운 넘쳐 보이는 농부가 가죽 혁대로 아이를 때리고 있었고, 때릴 때마다 질책과 충고를 퍼부었다.

- 눈을 뜨고 똑똑히 배워!

그러자 아이는 대답했다.

- 다시는 안 그럴게요, 주인님. 맹세해요. 오늘부터는 가축을 잘 지킬게요! (1편 4장)

돈키호테는 농부를 거칠게 부르더니 아이를 옹호하고 나서는데, 그의 눈에는 농부가 사악한 기사로 보인다.

농부는 그 목동이 나태해서 양을 날마다 한 마리씩 잃고 있다고 주장하며 자기 행위를 변호한다. 그래서 목동에게 더는 급료를 주지 않는다. 그런데 종이 건방지게도 주인이 구두쇠여서 급료를 지급하지 않는다고 주장해, 주인은 그 불손을 벌하기로 마음먹었다는 것이다.

격분한 돈키호테는 목동에게 마땅히 지급해야 할 아홉 달 치 급료를 주라고 명령한다. 농부는 자신이 하인에게 준 신발 세 켤레 값과 병들었을 때 피를 두 번 뽑는 데 든 비용을 제해야 한다고 흥정한다.

돈키호테는 이렇게 대답한다.

> 그 말은 믿고 싶지만, 신발값과 핏값은 이 아이가 이유도 없이 얻어맞은 매질과 상쇄하시오. 이 아이가 당신의 신발 가죽을 망가뜨렸다면 당신은 아 아이 몸의 가죽을 망가뜨렸잖소. 이 아이가 아팠을 때 이발사가 아이의 피를 뽑았다고 했는데, 당신은 멀쩡한 애의 피를 뽑았잖소. 그러니 아이는 당신에게 빚진 게 하나도 없는 거요. (1편 4장)

이런 솔로몬의 판결이 있고 난 뒤 농부는 돈을 지급하겠다고 약속하고, 그러자 돈키호테는 돌아서서 아르타반[14]처럼 당당히 떠난다. 그는 불의를 바로잡으면서

---

[14] 헨리 반다이크의 소설 《아르타반》의 주인공.

첫 번째 무훈을 이루었다.

> 농부는 눈으로 그를 좇았고, 그가 울창한 숲속으로 사라지는 걸 보고 나서 목동을 향해 돌아보며 말했다.
> – 이리 와라, 얘야. 저 불의를 응징하는 자가 내게 명령했듯이 내가 네게 빚진 걸 갚을 테니.
> (…) 그러더니 그는 목동의 팔을 붙잡고 다시 같은 떡갈나무로 돌아가 묶고는 호되게 두들겨 팬 뒤 죽도록 내버려두었다.
> 농부가 목동을 때리며 말했다.
> – 자, 불러봐, 불의를 응징하는 그놈을. 요건 응징하지 못할 거다! 내가 왜 네놈을 산 채로 살가죽을 벗기지 않나 몰라.(1편 4장)

그 결과, 목동은 전보다 두 배로 더 얻어맞았고, 급료도 받지 못하게 된다. 돈키호테의 개입은 아무짝에도 소용이 없었고, 오히려 바로잡겠다던 불의를 더 악화시킨다.

나중에 이 목동은 돈키호테를 다시 만나자 이렇게 외친다.

편력 기사 나리, 혹시라도 저를 다시 만나시더라도, 제가 발기발기 찢기고 있는 걸 보시더라도 제발 저를 구하러 나서지 마시고, 제가 혼자 해결하도록 내버려두세요. 나리가 저를 돕는 것보다는 나을 테니까요. 나리와 이 땅의 모든 편력 기사에게 하느님의 저주가 내리길 바랍니다!(1편 31장)

물론, 모든 기사에겐 약자를 구하고, 잘못을 바로잡고, 악에 맞서 선을 옹호할 의무가 있지만, 단지 선을 바란다고 선이 실행되는 건 아니다. 요즘 역사에는 그런 사례가 우글거릴 정도로 많다. 이라크나 리비아로의 군사 개입을 생각해보라.

더구나, 그 무엇도 흑백으로 구분되지 않는다. 목동에게 가해진 폭력은 물론 정당화될 수 없지만, 목동에게도 잘못이 없지 않다. 세르반테스는 목동이 자신의 부주의를 인정하는 대화를 우리에게 일부러 들려주는데, 돈키호테는 그 대화에 주의를 기울이지 않는다.

이렇듯 세상에는 정의를 바로잡을 준비가 된 용맹한 기사들이 가득하지만, 이들은 자기 행위의 조건도 결과도 충분히 고려하지 않는다. 분노는 아름답지만, 너무 쉽다. 성찰도 필요하다.

돈키호테의 첫 무훈은 그의 첫 번째 실패로, 길게 이어질 실패들의 첫 번째 실패로 기록된다. 여기서 우리는 온갖 부류의 이상주의자들이 믿고 싶어 하는 것보다 현실이 훨씬 더 복잡하다는 사실을 결국 깨닫게 된다. 심지어, 어쩌면 특히 그들이 더없이 훌륭한 의도를 품었을지라도. 그 의도들은 대개 성찰을 거치지 않아서 지나치게 싼값에 양심을 내준다.

선을 바란다고 선이 실행되는 건 아니다. 바로 여기에 《돈키호테》의 사실성이 있다.

09

책을 태우는 지점

최초의 근대소설로 소개되는 책이 시작부터 책을 소각하는 데 놀라야 할까?

돈키호테는 첫 무훈에 지친 채 막 자기 집으로 돌아온다. 그는 침대에 쓰러져 잠이 들고, 그의 친구들인 신부와 이발사는 그 틈을 타서 돈키호테의 독서벽을 정리하려고 한다. 그들은 우리의 주인공을 기사도 소설의 유독한 영향에서 빼내고 싶어 한다.

가정부는 신부와 이발사를 보자마자 서둘러 서재에서 나갔다가 성수가 담긴 사발과 성수채를 들고 돌아왔다.
- 신부님, 이걸 받으세요.. 이 책들 속에 있는 숱한 마법사 중 하나가 여기 있어 우리를 홀릴지도 모르고, 저들을 우리 세상에서 내쫓으려 한 우리에게 벌을 줄지도 모르니 이걸 방 곳곳

에 뿌려주세요.

신부는 가정부의 순진한 말에 웃지 않을 수 없었고, 이발사에게 책을 하나씩 집어 달라고 말했다. 불의 형벌을 받지 않아도 되는 책이 있을지도 모르니 살펴보려는 것이다.

조카딸이 끼어들었다.

– 아뇨! 하나도 남겨둘 필요 없어요. 우리 삼촌에게 모두 해를 끼쳤으니. 창문 밖으로 던져 한데 쌓아 태우는 게 낫겠어요.

(1편 6장)

책을 소각하는 건 당시 에스파냐와 유럽에서 흔히 있는 일이었다. 그건 가톨릭교회가 생각과 생각의 표현에 한계를 정하는 방식이었다.

돈키호테의 화형대는 전혀 다른 차원의 것이다. 여기서 관건은 이론적 학설을 검열하는 게 아니라 돈키호테의 서재를 구성하는 허구의 작품들에 대한 문학적 판단을 내리는 것이다. 모두 백여 권의 작품인데, 당시로는 이미 상당한 소장이었다. 백 권의 소설을 읽은 것이 기발한 이달고의 머리를 돌게 한 것이다.

책 하나하나는 제 운명이 결정되기 전에 신부와 이

발사 간 토론의 대상이 된다. 에스파냐 기사도 소설의 걸작인 《아마디스 데 가울라》는 화형을 겨우 면했다. 하지만 이 소설의 후속 작품(할리우드 식으로 말하자면 속편), 즉 《아마디스 데 가울라》의 합법적인 아들인 《에스플라디안 무용담》은 운 나쁘게도 연기가 되어 사라진다. 《플로리스마르테 데 이르카니아》, 《기사 플라티르》, 그리고 오늘날 우리에겐 완전히 잊힌 다른 소설들도 마찬가지다. 문학의 역사는 읽힌 작품들보다 훨씬 많은 잃어버린 작품들로 이루어졌다.

몇몇 소설은 이발사의 마음에 들었고, 어떤 것은 신부의 마음에 들어서—물론 무대 뒤에서는 세르반테스의 마음에 들어서—최종 징벌을 면한다. 조아노 마르토렐의 카탈루냐 걸작인 《유명한 티란테 엘 블랑코 기사 이야기》(1490)의 경우가 그러한데, 이 작품의 패러디 풍 표현이 《돈키호테》의 창작에 영감을 주었다.

처벌받은 책의 저자가 신부의 친구들인 경우도 있다. 잘못된 문학적 가치에 대한 이 재판은 지인과 친구 들에게 특혜를 주는 모든 판단에 대한 풍자이기도 하다. 문학 역시 이 거대한 사회적 게임에서 예외가 아니다.

그런데, 신부의 친구들 사이에서 우리가 아는 누군가가 불쑥 등장한다.

- 거기 있는 다음 책은 뭔가?
- 미겔 데 세르반테스의 《라 갈라테아》입니다.
- 세르반테스도 내 오랜 친구라네. 이 친구는 시 쓰는 일보다 고생에 더 통달한 사람이지. 그의 책은 기발한 창의성이 상당하지만 원래 목표를 끝까지 이루지는 못했어. 속편을 예고했으니 2편을 기다려봐야 해. 충분히 수정한다면 오늘은 못 받는 자비를 받게 될지도 모르니 두고 봐야지. (1편 6장)

이렇게 세르반테스는 자신을 제 소설의 등장인물 중 하나의 친구로 제시하면서 그걸 구실 삼아 자신이 20년 전에 출간한 목가소설에 대한 미묘한 판단을 내놓는다. 《라 갈라테아》는 불에 던져지지 않고 감금된다.

동시에 우리는 현기증에 사로잡힌다. 그러니까 돈키호테가 《돈키호테》를 쓴 저자의 책을 서재에 가지고 있다고? 이건 바슈끼리 치즈 상자 효과[15]다—혹은 보다 학문적인 방식으로 명명하자면 미장아빔mise en abyme이다. 세르반테스가 날리는 이 같은 눈짓이 소설이 진행되는 동안 늘어나서 허구의 환상을 체계적으로 무너뜨릴 것이다. 기발한 이달고가 기사 소설을 읽다가 희생양이 된 환상까지도.

레판토 해전으로 한쪽 손을 못 쓰게 된 저자의 소설은 또 다른 아름다운 이야기를 우리에게 믿게 하려는 게 아니다. 그는 새로운 유형의 문학을 제시함으로써 믿음과 환상의 원리 자체에 맞선다. 그는 우리에게 또 하나의 허울을, 불필요한 책《아마디스 데 가울라》와 그 일당을 제공하려는 것이 아니라, 우리를 모든 허구의 근원에, 다시 말해 인류의 마음에 자리한 억제할 길 없는 상상의 힘과 환상의 욕구에 이르게 하려는 것이고, 기발한 이달고는 그런 인류의 우스꽝스럽고 비장한 상징이 된다.

근대성이란 이전에 만들어진 것과는 다른 무언가를 하려는 의지이고,《돈키호테》는 과거의 문학을 시간의

---

15 웃는 소를 뜻하는 '바슈끼리vache qui rit' 치즈 상자에 그려진 웃는 소는 귀에 바슈끼리 치즈 상자를 달고 있다. 따라서 바슈끼리 상자 효과란 '이야기 속 이야기', '그림 속 그림'을 가리키는 액자식 구성을 의미한다.

법정에 세우기 때문에—그리고 나중에 살펴보게 될 또 다른 이유들 때문에—최초의 근대소설로 규정될 수 있다.

10
산초 판사가 등장하는 지점

《돈키호테》는 단지 돈키호테만이 아니다. 산초 판사이기도 하다. 둘 중 한쪽만 상상하는 건 불가능하다.

첫 번째 가출 후 썩 명예롭지 못한 방식으로 집으로 돌아간 기사는 먼저 신부의 설교를 듣지만, 남몰래 다음 모험을 준비한다. 소설에 등장하는 모든 훌륭한 기사처럼 그에겐 종자가 한 명 필요하다.

> 돈키호테는 자기 마을의 한 농부, 착하지만—가난한 사람에게 이런 표현을 붙일 수 있다면—, 머리에 든 게 거의 없는 사람에게 도움을 청했다. 번드르르한 말과 온갖 약속으로 구워삶은 나머지 이 천진한 남자는 그의 종자가 되어 함께 떠나겠다고 결심했다. 돈키호테는 그에게 여러 약속 가운데 하나로, 머지않아 첫 모험에서 섬을 얻게 되면 그 섬을 다스리게 해줄

> 테니 자기를 따라나서면 득이 될 것이라고 말했다. 이런 제안
> 과 비슷한 종류의 다른 제안들에 솔깃해진 산초 판사는—이
> 것이 그 농부의 이름이었다—아내와 자식을 떠나 자기 이웃
> 의 종자가 되었다. (1편 7장)

이렇게 두 남자는 밤에 길을 떠나는데, 한 사람은 거인들을 쓰러뜨리고 제국들을 정복하려는 꿈을 꾸고, 또 한 사람은 보상으로 섬의 통치자가 되어 행복한 나날을 보낼 희망을 품은 채, 두 사람 모두 에스파냐 곳곳에 성을 쌓으며 서로의 환상에서 힘을 얻었다. 정말이지 멋진 팀이다!

소설가의 천재성은 제 주인공에게 함께 계속 얘기를 나눌 수 있을 동반자를 붙여준 데 있다. 세르반테스는 극작품들을 쓰면서 작가 경력을 시작했는데, 개중 많은 작품이 유실되었다. 그는 산초와 더불어 마침내 대사작가로서의 재능을 자유로이 펼치고, 대화의 희극성을 통해 상황의 희극성을 배가할 수 있게 된다.

이 방식 덕에 희극성은 결코 약화되지 않는다. 모험이 지연될 때는 대화가 이어지고, 그 반대도 마찬가

지다. 그렇게 소설은 돈키호테처럼 새롭게 토대를 갖추고 출발하여 지치지 않고 쉽게 천 페이지에 이를 수 있다.

소설가의 예술이란 언제나 놀라움을 안기는 좋은 서술 장치들을 찾는 것이다. 산초와 돈키호테는 실제로 불안정한 균형을 유지하며, 복잡한 관계를 통해 고대 희극부터 일본의 전통극에까지 자주 등장하는 주인과 하인이라는 보편적인 희극적 듀오를 새롭게 그린다.

산초도 거의 제 주인만큼 어수룩하지만, 좀 다르게 어수룩하다.

돈키호테는 순수한 이상주의자로, 명예와 신의 말고는 어떤 개인적 이득도 구하지 않는다. 산초는 그의 성인 '판사(Panza, 불룩한 배)'가 가리키듯이, 감각의 쾌락에, 배의 감각적 쾌락에 온전히 복종하는데, 그가 돈키호테의 터무니없는 약속을 믿는 건 그의 현실 감각이 자신의 욕망으로 인해, 다시 말해 육체적 행복에 대한 희망과 욕구로 인해 흐려졌기 때문이다. 다시 말해 그는 누구보다 현실주의자여서, 돈키호테가 맹목적으로 함정에 뛰어들 때 그에게 가장 먼저 경고하는 인물이다.

타인에게는 현실주의자인데, 자신에게는 비현실주의자인 인물이 산초 판사다. 그는 때로는 맹목적으로 자기 주인에게 복종하고, 때로는 어머니가 어린 자식에게 하듯 이치를 따져서 주인을 설득하려 한다. 소설 2편에서 산초는 지성을 발휘해 돈키호테를—그리고 우리 독자들을—놀라게 한다.

그러니 둘은 아마도 모든 문학을 통틀어 가장 특별한 희극적 단짝이고, 그만큼 특별한 후손도 있다. 동 쥐앙과 스가나렐, 운명론자 자크와 그의 주인, 부바르와 페퀴셰, 로럴과 하디, 아스테릭스와 오벨릭스, 흰 어릿광대와 오귀스트.

이 단짝은 단지 대화를 나누는 두 개의 정신이 아니라, 두 개의 몸, 망막에 새겨진 두 개의 실루엣, 깡마른 키다리와 키 작은 뚱보, 금욕주의자와 인생을 즐기는 자, 불면증 환자와 잠보, 말을 타는 자와 당나귀를 타는 자다. 둘은 우리 기억의 길 위로 삐거덕거리며 영원히 나아간다.

11

돈키호테가 통속적인 이미지가 되는 지점

《돈키호테》를 한 번도 읽은 적 없는 누군가에게 돈키호테의 모험 가운데 하나를 이야기해 달라고 하면, 아마도 십중팔구 풍차와 싸운 모험을 말할 것이다. 이 모험은 신화가 되었고, 에피날에서 제작하는 통속적인 판화[16] 이미지로 굳었다—에피날이 라만차에서 천3백 킬로미터나 떨어져 있긴 하지만. 위대한 문학 작품의 운명은 독자의 범주를 훌쩍 뛰어넘어 유포되는 기본적인 이미지로 귀착되어, 그 작품들을 온 세상 사람의 기억 속에 자리잡게 하는 것이다.

그런데, 그 풍차와의 대결은 어떻게 펼쳐지나? 그것

---

16 에피날 이미지Imagerie d'Épinal. 프랑스 북동부에 자리한 도시 에피날에서 18세기 후반부터 제작되어 온 인기 있는 민속 판화인데, '클리셰'라는 비유적 의미로 쓰이기도 한다.

은 돈키호테와 이제 막 그의 종자가 된 산초 판사가 몰래 마을을 빠져나온 뒤 들려주는 첫 모험이다. 두 인물은 수많은 풍차가 우뚝 서 있는 들판에 이른다.

- 저기를 좀 보거라, 산초야, 서른 명이 넘는 어마어마한 거인들이 있잖느냐? 내가 한 명씩 싸워 저놈들을 모조리 죽여버리겠다. 그 전리품으로 우리는 부자가 될 거야. 이건 정의로운 싸움이고, 저 독보리를 이 땅에서 없애는 건 하느님을 섬기는 일이지.
- 거인이라뇨? 어디요?
- 저기, 네 앞에 팔을 활짝 벌리고 있잖느냐. 몇 놈은 팔이 거의 2레과나 되는구나.
- 나리, 저기 보이는 건 거인이 아니라 풍차인데요. 나리께서 팔로 보신 건 풍차 날개이고요. 바람이 불면 날개가 돌아가면서 방아를 움직이지요.
- 네놈이 이런 모험에 대해 아무것도 모르는 모양이구나. 저건 거인이야. 겁이 나면 저리 물러나서 기도나 하거라. 그동안 나는 저놈들과 지금껏 보지 못한 무자비한 싸움을 벌일 테니. (1편 8장)

돈키호테는 곧장 말에 박차를 가하고 풍차 하나로 돌진해서 날개에 창을 꽂는데, 풍차 날개가 세차게 돌아가면서 창은 부러지고, 기사와 말은 멀리 내동댕이쳐진다. 산초가 주인을 구하러 달려간다.

- 맙소사! 제가 조심하시라고 말씀드리지 않았습니까, 저건 풍차라고요. 어찌 저걸 잘못 본답니까. 나리 머릿속에서 풍차가 돌아가는 게 아니라면 말입니다!
- 시끄럽다, 산초야. 싸움에서는 그 어떤 경우보다 일이 어떻게 돌아갈지 알 수 없는 법이야. 내 생각엔 말이다, 내 서재와 책들을 훔쳐간 그 마법사 프레스톤이 승리의 영광을 내게서 빼앗으려고 거인들을 풍차로 둔갑시킨 거야. 그자가 내게 품고 있는 적대감이 그만큼 큰 거지. 그렇지만 결국 그자의 온갖 술책도 내 검을 이기진 못할 거야. (1편 8장)

이렇게 돈키호테는 결국 자신이 거인이 아니라 단순한 풍차 앞에 서 있다는 걸 인정한다. 그러나, 예상을 깨고 그는 자신의 오류를 인정하기는커녕 자기 서재를 가득 채운 기사 소설에서 바로 튀어나온 듯한, 도무지 있을 법하지 않은 마법사를 탓한다. 그리고 마법사라는 논거는 즉각 현실을 기사가 즐겨 빠져 있는 환상에 부합하게 맞춰준다.

물론, 그는 산초에게 사실상 털어놓는다. 저기 있는 무해한 풍차들이 잘 보이지, 내 눈에도 보여. 하지만 그건 마법사가 만든 신기루일 뿐이야. 사실은 거인들이지. 내가 현실을 제대로 보는 거야.

감탄스러운 마법사가 반박 불가능한 증거들을 뒤엎어준다! 실제로는 풍차일 뿐인데, 그것을 적으로 만들기 위해 제멋대로 현실을 바꾸어 곳곳에서 무찔러야 할 거인들을 보는 건 참으로 유혹적이고 참으로 마음 놓이는 일이다. 우중충한 삶에 그렇게 양념을 치고 싼값에 영웅이 되는 것이다.

사진 속 한 가지 세부사항만 잘못 해석해도 인간은 달에 발을 디디지 않은 게 되고, 9월 11일 펜타곤에 어떤 비행기도 추락하지 않은 게 될 것이다. 더욱 터무니없는 건, 우리가 인간의 권리라는 이름을 내세워 볼테르의 조각상을 해체하는 것이다. 인간의 권리를 누구보다 열렬히 옹호한 자를 쓰러뜨리면서 인권 그 자체를 무너뜨리고 있다는 것을 깨닫지 못한 채 말이다. 죽은 이들은 시대착오적인 비난을 받아도 더는 스스로 방어할 수 없기에 이상적인 희생양이 된다. 모든 위대한 인간은 풍차가 될 운명이다.

스스로 문제 제기를 피하고 현실과 역사가 내놓는 반박에 맞서 자신의 신념을 지키기 위해 언제나 마법사를 사용할 준비가 되어 있는 온갖 부류의 이상주의자, 정치인, 활동가, 음모론자 들이 얼마나 많은가! 하지만 우리 가운데 한 번도 돈키호테가 되어본 적 없는 이가 있을까?

12

《돈키호테》의 진짜 저자를 발견하는 지점

《돈키호테》에서 100여 쪽이 지난 후, 화자가 한창 전투 도중에 불쑥 나서지 않았다면 모든 게 무난히 흘러갔을 것이다.

> 유감스럽게도 전투 이야기는 여기서 중단된다. 저자는 그에 대해 사과하며 돈키호테 무훈의 뒷이야기를 전하는 기록을 발견하지 못했다고 설명한다. 이 작품의 두 번째 저자는 이토록 재미난 이야기가 망각의 법칙에 내맡겨질 수 있다는 사실을, 라만차의 최고 지성들 가운데 누구도 이 유명한 기사의 흔적을 자신의 고문서나 장부에 간직할 생각을 하지 못했다는 사실을 받아들이길 거부했다. 그래서 그는 이 흥미로운 이야기의 결말을 되찾는 걸 단념하지 않았고, 하늘이 도와, 2편에서 보게 되겠지만 그는 마침내 찾아냈다. (1편 8장)

오호! 그런데 이야기 속에 "두 번째 저자"의 느닷없는 출현은 무엇을 의미할까? 지금까지 우리가 동의한 바, 소설의 저자는 한 사람이었다. 서문을 쓴 저자—사실 계약은 하지 않았지만, 책 표지에 이름이 박힌 저자, 즉 미겔 데 세르반테스 사아베드라 말이다.

모든 건 몇 쪽 뒤에서 설명된다. 아니, *설명된다*고 말했으나… 곧 보게 될 테지만, 문제는 상당히 복잡하게 얽힌다.

화자는 자신이 어떻게 톨레도의 어느 상인 집에서 아랍어로 쓰인 수기 원고를 보게 되었는지 이야기한다. 그는 그것을 지나가던 무어인에게(무어인이란 기독교로 개종한 무슬림이다) 주며 번역해달라고 하는데, 그 번역자는 '둘시네아'라는 부인의 일화를 읽으며 웃음을 터뜨린다.

둘시네아? 그건 돈키호테가 사랑하는 여인의 이름이 아닌가! 그 공책에 라만차의 기발한 이달고의 이야기가 담겨 있단 말인가?

그래서 나는 그에게 처음부터 읽어보라고 재촉했고, 그러자 무어인은 아랍어를 즉각 카스티야어로 옮기며 제목을 "아라비아 역사가 시테 아흐메드 베넹헬리가 쓴 돈키호테 데 라만차의 이야기"라고 말했다. 나는 주체할 길 없는 기쁨을 감추느라 무진 애를 썼다.(1편 9장)

화자는 즉각 그 원고 뭉치를 헐값에 사서 전체를 번역하게 한다. 그래서 우리는 세르반테스의 이름으로 우리가 읽은 것이 실은 시디 아흐메드 베넹헬리라는 자가 쓴 아랍어 이야기였다는 사실을 발견하고 어안이 벙벙해진다. 베넹헬리라는 이름은 "복음의 아들"로 해석될 수 있으니, 그자도 아마 무어인인 모양이다. 가톨릭 국가인 에스파냐에서 무슬림 출신 사가史家가 신망을 누릴 리 없었으리라는 건 말할 필요도 없다. 그러니 그의 증언에 대해, 다시 말해 돈키호테의 이야기에 대해 사람들이 얼마나 신뢰를 안 할지 짐작할 수 있다!

동시에 우리는 지금까지 우리가 읽고 있던 이야기의 진짜 저자가 세르반테스가 아니었으며, 그가 독자였다는 걸, 혹은 "두 번째 저자"였다는 걸, 다시 말해, 우리에게는 어떤 정보도 주어지지 않은 오래된 기록을 토대로 작업한 역사가였다는 걸 깨닫는다.

한 권의 책에 대체 저자가 몇 명이란 말인가! 정리해보자. 먼저, 처음 백 쪽까지 읽고 옮겨쓴 이야기가 있고, 그것의 정확한 원천을 우리는 알지 못한다. 다음으로, 전적으로 허구의 저자인 시디 아흐메드 베넹헬리가 아랍어로 쓴 이야기가 뒤를 잇는다. 그런 다음, 그 이야기의 무어인 번역가가 끼어드는데, 그 또한 전적으로 상상의 인물이다. 그리고 마지막으로 '나'라고 말하는, 다시 말해 세르반테스일 수 있는, 혹은 그의 분신인 화자가 있다.

종종 기사 소설은 조금 더 사실처럼 보이기 위해 그리스어나 아랍어 원본에서 번역된 것이라고 말하곤 했다. 하지만 여기서 이 놀라운 겹겹의 서사는 모든 한계를 넘어 번역자 또는 저자의 희극적인 방백을 다수 낳는데, 그것이 시디 아흐메드의 이야기와는 별개로 우리에게 다음과 같이 경고한다.

5장에 이르러 이 이야기의 번역가는 이야기의 진위가 의심스럽다고 생각한다. 왜냐하면 산초가 짧은 식견에 비해 지나치게 섬세한 투로 말하고 있기 때문이다. 그럼에도 그는 자기 일에 요구되는 의무를 수행하기 위해 번역을 이어간다. (2편 5장)

이러니 독자들이여, 우리는 도무지 신뢰하기 힘든 두세 명의 화자들에 좌지우지되는 신세다. 이 화자의 진술과 저 화자의 반박 사이에서 유쾌하게 요동치며, 이야기의 즐거움만을 오직 유일한 지표로 삼고서. 그것이 돈키호테의 교훈이기도 하다. 모든 게 거짓이고, 모든 게 허구이며, 이 순간에 펜을 쥐고 있는 자조차 허구라는 것.

13

《돈키호테》가 20세기 작품이었더라면?

우리는 이제 막 누가《돈키호테》의 진짜 저자인지 알게 되었다. 그런데,《돈키호테》의 진짜 저자가 세르반테스도 아니고, 시디 아흐메드 베넹헬리도 아니고, 20세기의 프랑스 작가라면 어떨까?

아니다, 나의 독자들을 즉각 안심시키건대, 내가 정신착란으로 헛소리를 하는 게 아니다. 위대한 아르헨티나 작가 호르헤 루이스 보르헤스가 세운 가설을 환기한 것뿐이다. 그는 가장 놀라운 단편 가운데 하나에서 20세기 초 허구의 프랑스 작가 피에르 메나르가 세르반테스의《돈키호테》를 다시 쓰는 걸 상상한다. 이 작품을 번역하거나 각색하는 게 아니라 한 자 한 자 그대로 에스파냐어로 베껴 쓰는 걸 말이다.

"그건 그저 복사가 아니냐"고 여러분은 말할 것이다.

전혀 그렇지 않다. 피에르 메나르의 목표는 세르반테스의 텍스트를 꼼꼼히 옮겨 적으며 《돈키호테》를 마치 자신에게서 자연스럽게 나온 작품처럼 에스파냐어로 쓰고 싶어 하는 20세기의 어느 프랑스 작가가 반드시 거칠 모든 정신적 여정을 따라가는 것이다. 이는 대단히 음흉한 계획인 것이, 20세기의 프랑스인이 쓴다면 《돈키호테》의 텍스트가 더는 똑같은 지적 및 예술적 의도에 부합할 수 없기 때문이다.

이를테면, 세르반테스는 자신의 모국어를 "편안히 다루면" 된다. 반면 피에르 메나르는 낯선 언어, 고풍스러운 언어인 17세기 에스파냐어로 쓰기로 선택하면서 "어느 정도의 가식"을 드러낸다.

세르반테스는 자기 소설의 사건을 독창성 없이 자신의 마을과 자신의 시대로 설정한다. 피에르 메나르는 훨씬 혁신적이다. 그는 프랑스인임에도 불구하고 16세기와 17세기의 카르멘의 나라를 배경으로 선택하니 말이다.

그리고 모든 게 이러한 의도에 부합한다. 세르반테스의 문장이 피에르 메나르의 펜 아래에서는 갑자기 전혀 다른 의미를 띤다.

> 이를테면 세르반테스는 이렇게 썼다. "(…) 역사는 진실의 어머니요, 시간의 경쟁자이고, 우리 행위의 저장소요, 과거의 증인이며, 현재를 위한 본보기이자 교훈이고, 미래를 위한 경고다.
> (…)
> 메나르는 반면에 이렇게 쓴다. "(…) 역사는 진실의 어머니요, 시간의 경쟁자이고, 우리 행위의 저장소요, 과거의 증인이며, 현재를 위한 본보기이자 교훈이고, 미래를 위한 경고다.[17]"
> (1편 9장)

우리가 같은 문장을 아무리 엄밀히 읽어도 이 문장은 같은 말을 하지 않는다.

세르반테스가 역사가 진실의 어머니라고 말할 때, 그것은 그저 역사란 과거의 행위에 대한 진실을 산출하는 자라는 의미일 뿐이다. 아주 특별할 건 없다. 이

---

[17] 호르헤 루이스 보르헤스, 〈《돈키호테》의 저자 피에르 메나르〉, 《픽션들》.

건 17세기의 수사학에 부합하는, 역사에 대한 관례적인 찬사다.

반면에, 20세기에 메나르가 쓰고 무엇보다 *생각한* 같은 문장은 더는 같은 의미를 띨 수 없다. 메나르는 제 시대의 실용 철학을 안다. 그 철학은 진실을 주관적인 특성의 믿음으로 규정한다. 이 이론들에 비추어 보면, 메나르의 문장은 세르반테스의 문장보다 훨씬 독창적인 의미를 띠게 된다. 보르헤스는 이렇게 해설한다.

> 역사가 진실의 *어머니*, 라는 생각은 당혹스럽다. 윌리엄 제임스와 동시대인인 메나르는 역사를 현실 탐색이 아니라 현실의 기원으로 정의한다. 그에게 역사적 진실은 이미 일어난 일이 아니라 우리가 일어난 일이라고 생각하는 것이다.

그 말은 세르반테스의 말과 같은 말이지만—보르헤스가 폴 발레리에게서 영감을 받아 얻은 위대한 교훈인데—, 말이란 그것을 말하고 생각하는 사람의 맥락 속에서만 의미를 갖는 것이다.

이렇듯, 아르헨티나 작가의 해설을 따르면, 에스파

냐 작가의 사실주의가 우리 눈에는 어쩔 수 없이 시적 색채를 띤다. 세르반테스의 의도는 서사시와 기사 소설의 몽환적 세계에 "카스티야의 불결한 여인숙과 흙먼지 풀풀 날리는 길"을 익살스러운 방식으로 맞세우는 것이었는데, "우리 시대의 소설가라면 패러디 풍의 이야기 속에 주유소를 등장시켰을 것"[18]이다. 그런데, 이 장치는 더는 작동하지 않는다. 이 소설이 현실로 제시하는 것이 우리 현대인들의 눈에는 용과 마법사들만큼이나 상상의 요소들이기 때문이다. 카스티야의 여인숙과 도적은 그림 같은 풍경의 평범한 요소이지만, 우리 현대인들을 현실에 닻을 내리게 하기보다는 다른 세계로, 사라진 세계로 실어가니 말이다.

세르반테스의 현실은 이제 우리에게는 비현실적으로 보인다. 하지만 더 최악은, 그에게 명백히 비현실로 보였던 것이 우리에겐 다른 것들보다 더 비현실적으로 보이지 않는다는 점이다.

카스티야 도로 위에서 무장한 기사를 보는 일이 에

---

[18] 호르헤 루이스 보르헤스, 〈《돈키호테》에 어렴풋이 나타나는 마술성〉, 《또 다른 심문들》.

스파냐 작가와 동시대인에게는 명백히 터무니없어 보였을 텐데, 21세기 독자에게는 딱히 그렇지 않다. 멀리서 보면 역사적 지표가 충분치 않아서 과거의 모든 시대가 서로 뒤섞이는 경향이 있기 때문이다. 이런 혼란은 특히 아이들에게서 흔히 일어나는데, 우리는 이 소설의 맛을 포착할 능력이 가장 부족할 아이들에게 읽을거리로 세르반테스의 소설을 즐겨 내어준다. 세계의 변화와 시간의 단순한 흐름과 관련된 항구적인 오독의 위험이 그로부터 생겨난다. "우리에게는 세르반테스가 17세기 에스파냐의 시를 창조했지만, 그의 눈에는 그 세기도 그 에스파냐도 시적이지 않았다", 라고 보르헤스는 말한다.

따라서 《돈키호테》를 읽는 두 가지 독서가 가능하다. 먼저, 우리가 세르반테스의 자리에 서려고 애쓰며 그의 소설을 근본적으로 현실적인 이야기로 읽는 것이다. 또는 현대인으로서 그것을 읽으며 흘러간 시대에 대한 향수를 일깨우는 그림 같은 풍경과 향토색 그득한 세계 속에 빠져드는 것이다. 전자의 경우는 역사적이자 문헌학적인 독서이고, 후자는 천진하고 인상주의적인 독서이지만, 매번 읽을 때마다 우리는 같은 작품을 읽는 것이 아니다.

피에르 메나르는 《돈키호테》를 다시 쓰기만 할 뿐 다른 무엇도 하지 않는다. 그러면서 그는 우리에게 하나의 텍스트, 단순한 한 문장이 독자에 따라 무한한 의미를 띨 수 있다는 사실을 알려준다. 독서라는 기적을 통해 작품의 의미는 시대마다 달라져서, 세르반테스의 소설은 문자 그대로 무한한 책이 된다.

14

돈키호테가 페미니즘을 구하러 나서는 지점

우리가 버려두고 떠나온 들판으로 돌아가 돈키호테와 산초 판사를 다시 만나보자. 비축 식량이 위험할 정도로 줄어들자, 둘 사이에 편력 기사들의 식단에 관한 흥미로운 토론이 벌어진다. 돈키호테는 아주 적은 식량으로 만족할 수 있다며, "편력 기사는 한 달 동안 아무것도 먹지 않아도 명예롭게 여긴"다고 주장한다. 그러자 산초는 자연스레 다음과 같은 결론을 끌어낸다.

이제부터 제 자루에 기사이신 나리를 위해서는 이런저런 종류의 말린 과일을 넣어두고, 기사가 아닌 제 몫으로는 가금류나 그밖에 좀 더 근기 있는 것을 넣어두겠습니다.(1편 10장)

그러나 돈키호테는 그 말 그대로 될까 봐 불안하고,

말린 과일 식단이 실은 그리 탐탁지 않아서 즉각 말을 수정한다.

> 산초야, 그렇다고 편력 기사가 네가 말하는 그런 과일만 먹어야 한다는 게 아니라, 그게 기사들이 평소에 먹는 음식이었다는 거지.

다행히도 두 친구가 그렇게 엄격한 식단을 따를 기회는 없다. 곧 그들은 산양치기들의 야영지에 이르고, 산양치기들이 그들을 저녁식사에 초대하기 때문이다.

그런데 자연을 사랑하는 이 공동체, 시대를 앞서간 일종의 히피들에게 한 가지 비극이 닥친다. 그들 중 한 사람이 스스로 목숨을 끊은 것이다. 그는 그리소스토모라는 이름의 청년으로 살라망카 출신의 똑똑한 학생이었는데, 마르셀라라는 예쁜 아가씨를 미칠 듯이 사랑했고, 마르셀라는 다른 청년들의 구애나 마찬가지로 그의 구애를 거절했다. 마르셀라가 양치기가 되려고 마을을 떠나자 그리소스토모는 그녀를 따라갔고, 그도 양치기가 되었다. 그래도 마르셀라가 뜻을 굽히지 않자 청년은 절망해서 스스로 목숨을 끊은 것이다.

돈키호테와 산초는 산양치기들을 따라 청년의 장례식에 참석한다.

장례식은 양치기 마르셀라에 대한 재판으로 바뀌어, 산양치기들은 가련한 청년을 거부한 그녀를 잔인하다고 비난한다.

그런데, 극적인 반전으로, 마르셀라가 직접 나타나서 성난 그 모든 청년에게 또박또박 대답한다.

당신들은 말합니다. 하늘이 저를 너무 아름답게 만들어 당신들이 저항할 길 없이 나를 사랑하지 않을 수 없다고요. 그러면서 저더러 당신들을 사랑하라고 주장하고, 심지어 강요합니다. (…) 저는 사람들이 아름다운 존재를 사랑한다고 해서 아름다운 존재가 그 사랑에 응해야 하는 건 아니라고 생각합니다. 게다가, 아름다운 것을 사랑하는 자가 추할 수도 있고, 추함이 미움받는 건 당연한데, 누가 감히 "당신이 아름다워서 나는 당신을 사랑합니다. 그러니 내가 추해도 당신은 나를 사랑해야만 합니다"라고 말할 수 있을까요?

당신들은 왜 저를 사랑한다고 주장한다는 단순한 이유로 저더러 당신들의 욕망에 굴복하라고 요구하죠? 신께서 제게 아름다움을 주는 대신 저를 추하게 만드셨다면, 당신들이 저를 사랑하지 않는다고 제가 당신들에게 불평할 권리가 있나요? 저는 자유롭게 태어났고 제 자유를 지키기 위해 들판의 고독을 선택했습니다. (…) 저를 보고 매혹된 남자들은 제가 말로써 각성시켰습니다. 희망이 욕망을 부추기는 거라면, 저는 그리소스토모에게—게다가 다른 누구에게도—희망을 주지 않았으니, 그가 죽은 건 제 잔인함 때문이 아니라 그의 집착 때문이라고 말할 수 있을 겁니다.(…)

저는 자유를 좋아하고 속박되길 원치 않습니다. 누구를 사랑하지도 않고 미워하지도 않습니다. 이 사람을 속이고, 저 사람에게 희망을 주고 싶지도 않습니다. 누구를 조롱하고 싶지도 않고, 누구를 희롱하고 싶지도 않습니다.(1편 14장)

이 말을 하더니 양치기 여자는 달아나 가까운 숲으로 사라진다.

마르셀라가 역사상 최초의 페미니스트는 물론 아니지만, 해방에 대한 열망, 자기 신체 결정권을 지키려는 의지, 도시에서만큼이나 이 반체제적인 양치기들 사이에도 건재한 가부장적 질서에 대한 고발을 담은 이 모든 담론이 강렬한 반향을 일으킨 건 사실이다. 그렇다, 여성이 매혹적이라는 이유로 남성의 욕망에 복종해야 하는 건 아니다. 이런 발언이 황금기의 에스파냐부터 오늘날까지 모든 남성우월주의적 문화에서 얼마나 도발적이었을 것이며, 여전히 그럴 수 있는지 상상할 수 있지 않나?

이제 돈키호테는 항의하는 산양치기들 앞에서 발언권을 얻어 양치기 처녀가 모든 영예를 받을 자격이 있다고 단언하고는 아무도 그녀를 쫓지 못하게 한다.

편력 기사로서 약자와 억압받는 이들을 보호하고, 정의와 명예가 승리하도록 힘쓰는 것이 그의 의무가 아니던가? 더구나, 돈키호테가 즐기는 정중한 문학의 세계는 근본적으로 페미니즘적 성격을 띤다. 가치가 전복된 유토피아의 세계여서, 남자는 자신이 사랑하는 여인을 억압하기는커녕 그녀를 보지도 않고 그녀에게 순종한다.

교훈: 세상을 달리 보길 원한다면, 세상을 바꾸고 싶다면, 돈키호테처럼 하라. 책을 읽어라!

15

돈키호테가 언어를 풍요롭게 살찌우는 지점

위대한 문학 작품은 언어를 변화시키고, 우리의 어휘와 어법을 풍성하게 살찌우는 힘이 있다.

《돈키호테》도 그렇다. 17세기 초에 출간된 이 소설은 즉각 번역되어 유럽 전역에서 엄청난 성공을 거둔다. 독자들은 아주 기억에 남을 만한 인물들의 이름을 이른바 환칭의 방식을 통해 자기 언어로 끌어들였다. 고유명사를 보통명사로 사용하거나(모든 위선자를 타르튀프[19]라 부르듯이), 반대로 보통명사를 고유명사로 쓰는 것이다(영원한 도시를 로마라고 표현하듯이).

세르반테스는 익살극에 탁월한 재능이 있는 수사학의 훌륭한 학생으로서, 이 소설 2편에서 자기참조 방식

---

[19] 프랑스의 위대한 희극작가 몰리에르가 쓴 작품 《타르튀르》의 주인공.

으로 가상의 공주에게 '안토노마시아'라는 이름을 붙여 환칭이라는 이 수사법의 단어를 환칭하며[20] 말장난을 즐긴다(2편 38장). 하지만 우리는 아직 그 지점까지 이르지 못했다.

이를테면 여러분은 '마리토르네스'가 프랑스어로 무엇인지 아는가? 그걸 알기 위해, 우리의 두 주인공 돈키호테와 산초 판사의 모험으로 돌아가 보자. 그들은 어느 객줏집에 이르고, 기사는 그것을 당연히 성으로 여긴다. 행색이 괴이한 하녀가 두 사람을 맞이한다.

> 객줏집에는 얼굴이 넙데데하고 목은 짧고 코가 납작하며, 한쪽은 애꾸눈이고 다른 쪽 눈도 그리 나아 보이지 않는, 아스투리아스 출신 하녀가 있었다. 그녀의 타고난 우아한 몸매가 그런 결점들을 보완해준 건 사실이다. 그녀는 발끝에서 머리끝까지 고작 일곱 뼘밖에 되지 않고, 살짝 굽은 등 때문에 원하지 않아도 땅바닥을 자꾸 바라봐야만 했다.(1편 16장)

---

20 에스파냐어로 환칭은 안토노마시아antonomasia다.

이 흉한 하녀의 이름은 마리토르네스다. 그래서 17세기부터 프랑스어로 마르토르느는 라루스 백과사전이 일컫듯이 추하고 지저분한 모든 여자를 가리키게 된다.

이 마리토르네스는 기발한 이달고의 모험에서—아니 봉변에서—무시할 수 없는 역할을 한다. 밤이 되자 그녀는 돈키호테와 같은 다락방에서 자는 마부인 연인을 만나러 간다. 그녀는 어둠 때문에 이달고의 잠자리에 잘못 들고, 이달고는 성의 공주가 자신을 만나러 온 거라고 생각한다.

그는 즉각 여자의 속옷을 더듬었는데, 거친 싸구려 삼베로 된 속옷이었으나 우리의 기사에게는 아주 섬세하고 보드라운 비단처럼 느껴졌다. 그녀의 머리카락은 말총처럼 거칠고 뻣뻣했는데 그에겐 태양마저 가릴 만큼 찬란한 아라비아의 고운 황금 실타래를 떠올리게 했다. 그녀의 숨결에서는 전날 먹은 양념 내장 냄새가 풍겼는데 그에겐 더없이 감미로운 향내 같았다. (…) 이 가련한 기사는 너무도 눈이 멀어서 그 여자를 만져도 그 숨결을 맡아도 환상이 깨지지 않았다. 마부가 아니라면 누구라도 구역질이 나서 토했을 텐데. 그는 아름다운 여

신을 품에 안고 있다고 생각했다.(1편 16장)

운 나쁘게도 마리토르네스의 애인인 마부가 결국 돈키호테가 제 애인을 훔친 걸 알게 되면서 돈키호테와 산초에게 주먹질을 퍼붓는다. 요란한 소리에 놀란 객줏집 사람들이 가담하면서, 사건은 호메로스에는 못 미치더라도 적어도 아스테릭스와 오벨릭스 정도의 싸움으로 끝이 난다.

이런 대가를 치르고 마리토르네스라는 이름은 우리 언어에 들어섰다.

어쨌든 이 이름만 그런 건 아니다. 오늘날에도 우리는 로베르 사전의 정의에 따라 "낭만적인 열정을 불러일으키는 모든 여성"을 돈키호테가 사랑한 여인의 이름인 둘시네아로 부른다. 그리고 돈키호테는 키호티즘을 낳았다. 다시 말해, 이상주의에 사로잡혀 세상의 잘못을 바로잡고 억압받는 사람들을 옹호하는 자로 행세하는 태도 말이다. 돈키호테 행세를 하는 건 실제로 너그럽고 공상적인 인간으로 행동하는 것이다.

이렇듯, 환칭의 마법을 통해 우리의 일상은 돈키호

테와 둘시네아 들로 북적이고, 우리도 돈키호테처럼 소설의 인물들 틈에서 살 수 있는 것이다.

16

코를 막는 게 좋은 지점

《돈키호테》의 몇몇 구절에서는 독자가 코를 막고 눈을 감지 않을 수 없다.

두 주인공이 다쳐서 옴짝달싹 못 하고 남겨진 객줏집에서 그렇다. 상처를 치료하기 위해 기사는 이른바 기적의 묘약을 준비한다. 하지만 일어난 기적은 그들이 바랐던 기적이 아니다.

> 가련한 종자는 위로 아래로 토하고 싸기 시작했는데, 얼마나 급했던지 그가 누워 있던 멍석과 이불로 덮었던 자루는 영영 못 쓰게 되고 말았다. (1편 17장)

눈을 사로잡는 광경이다!

그리고 또 이 광경은 어떻게 생각해야 할까? 들판에

서 보내는 밤이다. 두 인물은 초자연적인 소리에 기겁해서, 돈키호테는 말에 탄 채, 산초는 주인의 다리에 매달린 채 아침까지 옴짝달싹 못 한다.

그런데, 몸은 결국 제 권리를 요구하고 나선다.

생리적 현상으로, 산초는 다른 사람이 절대 대신해줄 수 없는 욕구를 느꼈다. 하지만 두려움이 너무 커서 주인에게서 손톱만큼도 떨어질 수 없었다. 그렇다고 마려운 걸 참는 것도 불가능했다. 그래서 한꺼번에 해결하려고 그는 오른손으로 잡고 있던 안장 뒷부분을 놓고는 소리 내지 않고 슬며시 바지를 지탱하고 있던 끈을 풀었고, 그러자 바지가 발목까지 바로 흘러내려 발목을 채운 족쇄처럼 되었다. 그런 다음 그는 셔츠를 최대한 걷어 올렸고, 결코 작지 않은 양쪽 엉덩이를 바깥으로 내밀었다. 그렇게 그는 잔인하고 절박한 곤경에서 벗어나기 위해 가장 힘든 일을 해냈다고 생각했는데, 더 난감한 문제가 생겼다. 요란한 소리를 내지 않고는 배설할 수가 없었던 것이다. 그는 이를 악물고, 어깨를 움츠리고 있는 힘껏 숨을 참았다. 이 모든 노력에도 불구하고 불행히도 소리를 내지 않을 수 없었는데, 그의 두려움을 불러일으켰던 소리와는 생판 다른 작은 소리였다. (…)

얼마 후 그는 다시 시도했는데, 이번에는 처음 낸 소리에 아무 소리도 보태지 않고 아주 성공적으로 그로록 근심을 안겼던 짐에서 해방될 수 있었다. 하지만 돈키호테는 청각만큼이나 후각도 예민했고, 게다가 산초가 그에게 꿰맨 듯 딱 붙어 있었기에 거의 수직으로 올라온 몇 줄기 김이 주인의 코에 닿지 않을 수 없었다. 그걸 맡자마자 그는 두 손가락으로 코를 쥐고는 코맹맹이 소리로 말했다.

― 산초야, 네가 어지간히도 무서운가 보구나.

― 그렇습니다, 나리. 그런데 나리께서는 왜 하필 지금 그런 생각을 하시는지요?

― 지금 네 냄새가 아주 지독해서 말이다. 좋은 냄새는 아니구나.(1편 20장)

조금 더 뒤에서, 산초는 돈키호테에게 자신이 작은 볼일과 큰 볼일을 보고 싶은 걸 보니 마법에 걸린 게 아니라고 논증한다(1편 47~49장). 현실 세계는 소변과 대변이라는 증거로 존재한다.

기발한 이달고는 소설의 인물처럼 괴물들을 무찌르

고 공주들을 해방하며 제 삶을 살기를 바라는데, 그 이상은 상스러운 현실에 의해 저지당한다. 마법과 소설은 하나의 세계이고, 몸은 다른 세계여서 제 세계의 법을 강요한다.

산초처럼 친구들 앞에서 배에 찬 가스의 위협을 억누르려고 시도해보지 않은 사람이 누가 있겠나? 소리가 문 너머로 새 나가지 않게 제 배설물을 은밀히 내놓으려고 애써 보지 않은 사람이 어디 있을까? 유치하고 상스럽든지, 아니면 기술적·의학적 용어가 아니고는 그런 생리적 행위를 가리킬 말이 없다.

어쨌든, 《돈키호테》 이전에 어떤 소설가, 어떤 작가, 어떤 철학자가 그런 생리적 행위에 대해 말했던가? 중세의 우화에서? 어쩌면 라블레가? 하지만 《가르강튀아》와 《팡타그뤼엘》의 분뇨담에는 환상의 차원이 있어서 현실과 동떨어져 있다. 그것은 시적 상상의 자유로운 유희의 구실로 쓰인다.

산초는 처음으로 배설물에서 해방되는 한 인간의 주관적 세계 속으로 우리를 들여놓는다. 그는 말로 표현할 수 없는 내밀한 거리낌 속으로 우리를 끌어들인다.

그 상스러움이 우리를 웃게 하는 건, 그런 웃음이 역설적으로 관습과 전통이 물려준 거리낌에 대한 승리를 증언하기 때문이다. 인류가 점차 자신을 자각한다는 인식 속으로 한 발짝 더 나아간 걸음이다. 글로 쓰지도 말고, 생각하지도 말아야 할 만큼 상스럽고 비천한 건 없기 때문이다.

예의, 수치심 또는 무관심 때문에 삶의 여러 부분이 마치 존재하지 않은 듯이 묵과된다. 그것들이 어느 텍스트에서 마침내 부상하고 문학에서 제 권리를 획득하는 걸 보는 일은 얼마나 감동적인가!

돈키호테도 스스로 그걸 인정한다. 기사 소설이 기사들의 먹을거리나 생리적 욕구에 대해 아무 언급을 하지 않는다는 걸(1편 10장). 발자크부터 플로베르나 졸라를 거쳐 우엘벡에 이르기까지, 심지어 가장 자연주의적인 소설들 대부분도 마찬가지다. 보바리 부인이 배변하는 걸 본 적 있는가? 알베르 코엔은 위대한 연애소설들이 주인공이 소변을 보거나 배변하는 건 절대로 보여주지 않고, 품격 있고, 위생적이며 단정한 이상주의에 틀어박힌다고 비난했다. 오늘날에도 소설들은 배설보다는 성에 대해 훨씬 쉽게 말한다. 소설가의 호기심은 화장실 문 앞에서 멈춘다. 거기에 가장 강력한 금기가 있다.

세르반테스에겐 그런 거리낌이 없다. 이 점이 그의 작품에 익살을, 사실성을, 그리고 다른 소설들에 결핍된 인간미를 부여해, 지금까지도 우리는 놀라고 감동한다.

문학은 침묵에 맞서 싸우는 항구적인 투쟁이며, 표현의 영역을 확장함으로써 침묵의 제국을 제한하겠다고 강변한다. 글쓰기와 사유를 발전시켜온 이 역사 속에서 《돈키호테》는 그 누구도 빼앗지 못할 자리를 차지한다. 그것의 아름다움과 힘은 이상, 사랑, 정치, 경제, 사회, 소수자의 경험, 그리고 생리적인 것까지, 인간 존재를 이루는 이 모든 것의 권리를 인정하는 데 있다. 이 작품은 결국 모든 것에 관한 책이다.

17

계급 투쟁이 《돈키호테》 속에 끼어드는 지점

돈키호테와 산초 판사는 모범적인 단짝이다. 산초 판사는 주인에게 흠결 없는 충성심을 보이고, 모험이 끝날 때 섬을 얻어 그곳을 통치하며 호사와 쾌락을 누리고 행복한 은퇴생활을 하게 되리라 여전히 바라는 만큼, 주인을 향해 진심 어린 존경을 표한다.

그러나 그런 날은 아직 오지 않았고, 그동안 기사와 종자 단짝은 열띤 논쟁을 벌이는데, 그 논쟁은 길게 이어지진 않고 우리의 독서에 재미를 더해준다.

그러니 난감한 상황에 남겨둔 우리의 두 친구에게로 돌아가 보자. 돈키호테는 그곳이 객줏집이 아니라 성이라는 이유로 돈을 내지 않고 떠난다. 게다가 "법과 권리가 편력 기사를 무료로 먹이고 재워주도록 규정하기에, 어떤 편력 기사도 객줏집에서 숙박비나 음식값을 낸 적이 없다"는 것이다.

객줏집 주인은 그런 말을 귓등으로도 듣지 않고, 주인이 돈을 내지 않으면 종자가 내야 한다고 요구하는데, 종자는 자신도 기사와 똑같은 권리를 누릴 수 있다고 주장한다. 그리고는 산초도 똑같이 줄행랑을 치려는데, 객줏집의 몇몇 손님들, "유쾌한 낙천가들, 선량한 장난꾸러기들, 익살꾼들, 장난을 아주 좋아하는 사람들"이 돈 안 내는 고약한 손님을 골려 먹기로, 말 그대로 담요에 얹어 헹가래를 치기로 작정한다.

> 그들은 똑같은 생각에 사로잡힌 듯 산초에게 다가가더니 그를 당나귀에서 끌어내렸고, 그들 중 한 명이 객줏집의 침대에서 담요를 가져왔다. 그들은 산초를 담요 위로 던졌다. (…) 그러곤 사육제 때 개를 가지고 장난치듯 산초를 헹가래 치며 깔깔거렸다.
> 가련한 산초가 어찌나 비명을 크게 내질렀던지 주인의 귀에까지 들렸다. (…) 산초가 아주 우아하고 날렵하게도 공중으로 올라갔다가 내려가곤 하는 걸 보며 돈키호테도 화가 나 있지만 않았더라면 아마도 웃지 않을 수 없었을 것이다. (1편 17장)

안타깝지만 이 모든 농담, 최고의 농담들조차 끝이 있으니, 익살꾼들이 산초를 풀어주었을 때 산초는 자신을 구하러 오지 않은 주인을 원망했다. 돈키호테는 장난질을 한 사람들이 "유령이나 다른 세상 사람들"이라고 확신한다. 자신이 그들에 맞서 아무것도 할 수 없었기 때문이다. 전설의 기사 아마디스 데 가울라의 마법의 칼만이 마법을 깨뜨릴 수 있는데, 그 칼이 그에겐 없다. 산초는 그런 설명에 조금도 설득되지 않는다.

> 제가 어찌나 재수가 나쁜지요, 나리께서 말씀하신 그런 칼을 손에 넣으시더라도, 그게 (나리께서 제게 주신) 향유처럼 기사들에게나 유용할 뿐 종자들에게는 괴롭기만 할 겁니다!(1편 18장)

마법이 정말 기사들에게만 작동하고 종자들에게는 작동하지 않는다면? 마법은 두 주인공을 가르는 신분의 장벽을 가리키는 또 다른 이름이다.

산초가 주인의 불운에 대해 너무 대놓고 비웃자, 주인은 종자에게 엄하게 그의 자리를 일깨운다. 얼마 후 돈키호테가 진정되자, 산초는 주인이 한 약속을 냉소어린 어조로 환기시킨다.

> 지체 높으신 양반은 자기 종에게 심한 말씀을 하고 나면 바지 한 벌을 주신다고 하던데요. 종에게 몽둥이질을 한 뒤에는 뭘 주시는지 모르겠지만, 편력 기사님은 적어도 섬이나 육지의 왕국을 주시지 않을까 싶네요.(1편 20장)

돈키호테가 절대 입을 열지 않고 거리를 지킬 줄 아는 명망 있는 기사들의 종자들을 예로 들자, 산초는 이렇게 응수한다.

> 나리의 말씀은 합당합니다. 하지만 제가 알고 싶은 건 말이지요, 보상을 받을 때가 절대 오지 않아서 제가 급료라도 받아야 할 때가 되면 어떻게 하나, 그 시절에 편력 기사의 종자는 얼마를 받았는지. 월급으로 받았는지, 아니면 미장이 조수처럼 일당으로 받았는지를 알고 싶은 겁니다.(1편 20장)

기사 소설에 노동법이 적용되지 않을 이유가 어디

있겠나? 이렇게 돈키호테의 환상은 계급 투쟁의 의혹으로 미묘하게 잠식되고, 우리는 산초 판사가 종자 노동조합의 우두머리가 된 모습을 보게 될지도 모른다. '종자의 힘'이라는 이름의 노동조합 말이다.

세르반테스는 통상적인 소설들에서 대개 가려져 있고 여전히 눈에 띄지 않는 모든 걸 강조하는 데 탁월하다. 주인공들의 식단, 생리적 욕구, 그리고 여기서는 카를 마르크스의 말처럼 기사와 종자 관계의 토대가 되는 생산관계 등. 소설 세계의 암묵적 인프라를 이루며, 그것 없이는 인물들이 살아갈 수 없고, 줄거리도 전개될 수 없는 실존의 물질성을 부각하는 것이다.

세르반테스는 삶의 실제적 현실에 드리운 관습의 베일을 찢고, 대부분의 소설이 빠져있는 기만적 비현실성을 우리에게 폭로함으로써 우리의 순진함이 소설에 부여하는 신뢰를 깨뜨리고, 돈키호테를 따라 환멸의 길로 결연히 들어서도록 우리를 인도한다.

18

돈키호테가 사회를 위험에
빠뜨리는 지점

온갖 고초를 겪은 객줏집에서 간신히 벗어난 돈키호테는 로시난테를 타고 평온히 길을 가던 중 기이한 행렬을 보게 된다.

> 손목에 수갑을 찬 열 명가량의 남자들이 긴 쇠사슬에 목이 염주처럼 꿰인 채 걷고 있었다. 두 남자는 말을 타고, 다른 두 남자는 걸어서 그들을 따라가고 있었는데, 말을 탄 자들은 총을 들었고 걷는 자들은 창과 칼을 들었다. 그 행렬을 보자마자 산초가 주인에게 말했다.
> – 왕이 강제노역을 언도한 죄수들을 갤리선으로 데려가는 행렬이네요.
> – 뭐라고? 돈키호테가 외쳤다. 왕이 백성들에게 강제로 무력을 사용할 수 있단 말이냐?

― 나리, 제 말은 그게 아니라 죄를 지어서 갤리선에서 노를 저어 왕에게 봉사하도록 선고받은 사람들이란 말이지요.
― 네가 뭐라 말하든, 그 말을 어떤 방식으로 이해하든, 저 사람들은 원해서가 아니라 강제로 끌려가는 것 아니냐.
― 그건 그렇지요.
― 그렇다면 내가 해야 할 일이군. 약자들에게 폭력을 행하고 가난한 이들을 억압하는 걸 막는 게 내 임무가 말이다.
― 나리, 왕의 이름으로 행해지는 정의는 저 사람들에게 폭력을 행하는 것이 아니고 억압하는 것도 아니라는 걸 아셔야 합니다. 저들이 저지른 죄를 벌하는 거지요. (1편 22장)

그래도 돈키호테는 각 죄수에게 무슨 죄를 지었는지 묻는다. 한 사람은 그저 빨래 바구니를 훔쳤고, 또 다른 이는 가축을 훔쳤으며, 세 번째 남자는 매춘 알선이 입증되었고, 네 번째 남자는 일부다처 혐의로 판결을 받았으며 등등, 오만불손한 진짜 강도까지 있었다.

돈키호테가 다시 말을 잇는다.

친애하는 형제들이여, 그대들이 내게 털어놓은 걸 모두 듣고 나는 이런 결론을 내릴 수 있었네. 그대들의 형벌이 그대들이 저지른 잘못으로 받은 처벌이긴 해도 그대들이 전혀 달가워하지 않는 것 같고, 그리고 마지못해 강제로 갤리선으로 노를 저으러 가는 거라고 말이네. (…)

하느님과 자연이 자유롭게 창조한 자들을 노예로 끌어내리는 건 정당하지 않아요. 이 자들이 호송대 여러분에게는 아무 잘못을 하지 않았잖소. 각자 저지른 죄가 다르니, 악한 자는 벌하고 선한 자에게는 상을 내리는 일은 하느님께 맡겨둡시다. 선량한 사람들이 아무 상관도 없는 다른 사람들의 형을 집행하는 자가 되는 건 옳지 않지요. (1편 22장)

이러면서 돈키호테는 죄수들을 강제로 풀어준다. 그는 죄수 호송대를 상대로 완벽한 승리를 거둔다. 그런데 그가 풀려난 죄수들에게 쇠사슬을 다시 목에 걸고 둘시네아에게 가서 경의를 표하라고 말하자, 그들은 돌팔매질로 응수하며 달아나고, 남겨진 우리의 기사는 "자신이 그렇게 선행을 베푼 이들에게 학대당하고 후회"한다.

이 놀라운 모험은 기사도 정신과 기독교 이상에 취

한 기발한 이달고를 기존 질서와 왕권에 대항하는 반체제 인물로 만든다. 제 광기의 제물이 된 돈키호테는 국가는 폭력에 대한 합법적 권리를 가졌으며 범죄자에게는 처벌을 가해야 한다는 사실을 받아들이지 않는다.

틀림없이 우리는 주인공 너머로, 중대성이 현격히 차이 나는데도 범죄와 처벌 사이의 실제적 비례를 고려하지 않고 모든 범죄자가 몇 년의 갤리선 노역에 처해진 사실을 부각하며 정의의 오작동을, 혹은 불의를 폭로하는 세르반테스의 목소리를 들을 수 있다. 형법에 대한 이러한 비판은 18세기에 이탈리아 철학자 체사레 베카리아에 의해 확장된다.

섬길 주인도 없이 홀로 떠도는 기사 돈키호테는 위계질서가 엄격한 에스파냐 왕국에서는 철저히 변칙적인 존재다. 그는 자신만의 법을 따르며 기꺼이 법 밖에 서서, 훗날 계몽주의 철학자들처럼 이성을 앞세우지 않고, 비이성을 내세우며 패러디의 방식으로 개인의 해방을 촉구한다.

19

돈키호테가 셰익스피어를 만나는 지점

오직 현실만이 만들어낼 수 있는 이야기가 여기 있다. 오늘날까지도 에스파냐와 영국의 문학을 월등히 지배하고 있는 미겔 데 세르반테스와 윌리엄 셰익스피어, 소설과 연극의 두 거장은 동시대인이었을 뿐 아니라 세르반테스는 1616년 4월 22일에 사망해서 셰익스피어가 사망한 날인 4월 23일에 묻혔다.

깜짝 놀랄 우연이다! 4월 23일을 유럽 문학의 위대한 기념일로 삼아야 할 것이다. 유네스코는 이미 그날을 세계 책의 날로 기념하고 있다.

그 당시 영국이 사용하던 율리우스력이 유럽의 다른 지역에서 통용되던 그레고리력에 비해 열흘 정도 늦었다는 사실을 알면 이 우연은 덜 놀라워진다. 그러니까 셰익스피어는 실제로 1616년 5월 초에 사망했다. 어쨌든, 두 날짜가 가깝다는 점은 생각할 거리를 남긴다.

일부 역사가들은 두 작가가 1605년 여름에 세르반테스가 살고 있던 바야돌리드에서 마주쳤을 거라고 상상한다. 영국 왕의 대사가 그곳을 공식 방문했을 때 아마도 셰익스피어가 함께 수행했을 거라고 말이다. 당시 그 자리에서 발레와 연극이 공연되었는데, 소설이 출간된 지 몇 달밖에 되지 않았음에도 엄청난 성공을 거두었기에 이때 이미 소설의 등장인물들인 돈키호테와 산초가 공연에 등장했다. 그래도 두 사람의 만남은 여전히 가설로 남는다.

그들 작품의 만남은 덜 가설적이다. 세르반테스의 소설이 셰익스피어의 한 희곡에 영감을 불어넣었기 때문이다. 어느 런던 서점의 1613년 장부에는 그 작품에 관해 이렇게 언급되어 있다. 《카르데니오 이야기》, 플레처와 셰익스피어 저.

카르데니오는 돈키호테가 산에서 만난 인물이다. 그 이야기는 소설의 여러 장을 채우고 있다(1편 23장). 카르데니오는 대귀족인 친구 돈 페르난도에게 약혼녀 루신다를 빼앗긴 청년이다. 돈 페르난도는 루신다가 자신과 결혼하도록 강제하고, 카르데니오는 미칠 듯이 괴로워하며 산으로 달아나 절망에 사로잡힌 채 떠돈다. 돈키호테는 카르데니오가 루신다를 되찾도록 계속 도와서, 실제로 150쪽 후에 실제로 성공한다. 놀라운 우연으로, 그 감동적인 재회는 가련한 산초가 헹가래 쳐지고 돈키호테가 매질을 당한 바로 그 운명적인 객줏집에서 이루어진다.

카르데니오 이야기는 1628년 파리에서 공연된 《카르데니오의 광기》라는 희곡에 영감을 주었는데, 이 작품은 《돈키호테》에서 영감받은 일련의 프랑스 희곡들 가운데 첫 번째 작품이었다.

세르반테스의 소설의 첫 영어 번역본이 출간된 지 일 년 뒤인 1613년에 존 플레처라는 극작가와 공동으로 집필했다는 셰익스피어의 희곡은 안타깝게도 원고가 완전히 사라졌다. 셰익스피어의 명성이 17세기부터 계속 높아져 온 만큼 이 상실은 큰 아쉬움을 낳는다.

카르데니오 이야기에서 영감받은 희곡 하나가 셰익스피어의 이름을 달고 1727년 런던에서 무대에 오른 건 분명하지만, 셰익스피어의 이름을 붙인 건 순전히 상업적인 목적에서 비롯된 거짓 홍보였다.

따라서 셰익스피어의 《카르데니오》는 제목과 꿈으로만 남았다. 문학의 두 천재, 허구와 상상의 거장들이 정상회담을 하는 꿈 말이다. 그런데, 우리 책장에는 존재하지 않는 그 작품을 우리가 지어내고 우리의 정신적 서재에서 읽는 것을 누가 막을까? 그저 돈키호테의 위대한 교훈을 따르면 된다. 우리 정신의 창조를 믿으라는 교훈을.

20

우리가 실재를 의심하는 지점

실재란 무엇인가? 이 질문은 《돈키호테》 같은 익살스러운 소설보다는 철학 논문에 더 적합할 것 같고, 여름철 독서에도 그다지 적합해 보이지 않는다. 독자들에게는 미안하지만, 이 형이상학적 질문은 세르반테스 작품의 핵심이어서 더는 피할 수 없다.

충실한 종자와 함께 길 위로 나선 기발한 이달고 곁으로 다시 돌아가보자. 100쪽 앞에서, 돈키호테는 투구를 만들려고 철모에 대충 끼워 맞춘 면갑을 전투에서 잃었다(1편, 10장).

그런데 번쩍이는 황금 투구를 쓴 기사가 그의 앞에 나타난다. 사실 그는 손님 집에 갔다가 당나귀를 타고 돌아오는 이발사였는데, 비를 피하려고 면도용 놋쇠 대야를 머리에 덮어쓰고 있었다.

아무러면 어떤가. 돈키호테는 그 당나귀를 말이라고, 이발사를 기사라고, 놋쇠를 황금이라고, 면도용 대야를 투구라고, 그것도 아무 투구가 아니라 전설의 르노 드 몽토방이 맘브리노 왕에게서 빼앗은 그 유명한 투구라고 결정했다.

태평스러운 이발사를 공격하니, 이발사는 자신에게 무슨 일이 닥친 건지 영문도 모른 채 냅다 달려 도망치고, 돈키호테는 순식간에 놋쇠 대야를 빼앗아 머리에 쓰고는 맘브리노의 투구라고 믿고서 자랑스레 으스대며 걷는다(1편 21장).

그렇게 우스꽝스러운 꼴을 한 그를 보고 모두가 웃는데도, 그는 조금도 개의치 않고 심지어 산초에게 자신의 이론을 설명한다.

우리 주변으로 마법사들이 무리 지어 다니면서 우리를 돕거나 해치려고 제멋대로 사물들을 바꾸고 둔갑시킨단 말이다. 그래서 네가 이발사의 대야라고 믿는 것이 내 눈엔 맘브리노의 투구로 보이고, 또 어떤 사람에겐 다른 무언가로 보이는 거지. 나를 지켜주는 마법사가 실제로는 맘브리노의 투구인데 사람들이 이발사의 대야로 여기도록 예지력을 발휘한 거야. 값을 헤아릴 수 없이 귀한 물건이니 모두가 그걸 빼앗으려고 나를 쫓아다니지 않겠느냐. 하지만 사람들 눈에는 그게 하잘것없는 대야로 보이니, 아무도 신경 쓰지 않는 거지.(1편 25장)

사실 돈키호테의 추론보다 더 논리적인 게 있을까? 세상에 마법사가 그득하다면 실재는 분명히 우리가 보는 것과 아주 다를 수 있다. 마법사라는 말을 일루미나티나 CIA라는 말로 대체해보라. 그러면 현대 음모론의 온갖 이론을 보게 될 것이다.

그런데 극적인 반전으로, 3백 쪽이 지난 후, 이발사가 돈키호테를 다시 만나 제 대야를 돌려달라고 한다. 돈키호테의 친구들은 이발사를 농락하면서 두 상대 가운데 누가 옳은지 판결을 내리고, 그 물건이 투구인지 아니면 이발사 대야인지 결정하기 위해 투표를 실시한다. 그 결과는 가차 없다. 모두가 합심해서 그것이 투구라고 말해 돈키호테는 의기양양해서 제 트로피를 간직하고, 심지어 이발사마저 자신이 대야로 여겨왔던 것을 의심하기에 이른다(1편 45장).

말 그대로 현기증 나는 일화다! 민주적 기능에 따라 투표를 거친 합의로 실재가 결정될 수 있는가? 소아성애자 집단이 미국을 지배하고 있다고 주장하는 도널드 트럼프에게 투표를 하는 건 이발사의 대야를 맘브리노의 투구로 바꿔 놓는 것과 같지 않나? 중죄재판소의 배심원단도 같은 원리로 작동한다. 그들이 투표하는 것이 실재가 되고, 그들이 유죄라고 선언하는 자가 모두의 눈에 공식적으로 유죄가 되니 말이다.

맘브리노의 투구 일화는 사회의 중심에 자리한 신탁 메커니즘과 세상에 대한 우리 이해에서 믿음이 차지하는 중대한 자리를 패러디의 방식으로 폭로한다.

태양이 뜨는 걸까 아니면 지구가 자전하는 걸까? 빵 조각이 그리스도의 몸이 될 수 있나? 이발사의 대야가 기사의 투구가 될 수 있나? 풍차가 거인이 될 수 있나? 이런 의문들은 같은 이야기 속에 자리한다. 코페르니쿠스 혁명이든 아니면 종교개혁 운동이 성찬의 실체변화 교리에 도전한 것이든, 근대라는 시대는 실재의 심각한 위기로 시작되었다. 그에 대해 세르반테스는 농담의 가면을 쓰고 시사적이면서 혼란스럽고, 급진적이면서 익살스러운 진술을 내놓는다.

21

돈키호테가 둘시네아를 지어내는 지점

둘시네아는 소설 곳곳에서 언급된다. 그녀는 돈키호테를 강박적으로 사로잡는다. 그가 하는 모든 일은 그녀를 위한 것이며, 그녀에게 자신의 사랑을, 나아가 자신의 헌신을 보여주기 위해서다. 그렇지만 그녀는 결코 모습을 드러내지 않는다. 그녀는 문자 그대로 돈키호테의 생각 속 여인이다. 실제로 그의 생각 속에서만 존재하기 때문이다.

이야기가 시작될 무렵, 돈키호테가 기사가 되기로 결심할 때, 자존심 강한 모든 소설 주인공이 그렇듯이, 그에겐 사랑하는 여인이 필요했다. 이웃 마을에 그가 어렴풋이 마음에 둔 적 있는 농부 딸이 있었는데, 그 여자는 그 사실을 전혀 알지 못했지만, 그는 그녀를 자신의 여인으로 삼기로 결정한다. 그녀의 이름은 알돈사 로렌소였는데, 그는 그녀의 이름을 둘시네아로 정한다. 그가 살고 싶어 하는 소설 속에서 멋지게 울릴 예쁜 이름이다. 그리고 그녀가 토보소라는 마을에 살기에 둘시네아 델 토보소라고 불릴 것이다(1편 1장). 문학의 역사를 통틀어 가장 유명하면서도 역설적으로 가장 보이지 않는 여주인공이 이렇게 탄생한다.

돈키호테는 완벽한 여인에 대한 이 생각을 현실이 내세우는 온갖 반론에 맞서 옹호한다.

시에라 모레나 산에 이른 그는 종자에게 둘시네아에게 편지를 전하라고 지시하는데, 산초는 자신이 공주라고 믿었던 여자가 실은 알돈사 로렌소라는 걸 알고는 깜짝 놀란다.

- 뭐라고요? 둘시네아 델 토보소 부인이 알돈사 로렌소란 말이에요?
- 그분이시지. 온 우주의 군주로 받들어 마땅한 분이야.
- 그 여자라면 제가 아주 잘 압니다! 마을에서 가장 힘센 사내만큼이나 쇠몽둥이를 멀리 던질 수 있는 여자라고 말씀드릴 수 있지요. 제기랄! 정말 보기 드문 여자죠. 건장하고요, 황

소처럼 힘도 세서 편력 기사든 뭐든 어떤 기사라도 그 여자를 귀부인으로 여기면 그를 곤경에서 구해줄 수 있을 겁니다. 정말 억센 여자거든요!(1편 25장)

기사 소설의 이상적인 여성상과는 상당히 거리가 멀다! 하지만 돈키호테에게 그런 건 중요치 않다. 그는 "그저 그 선량한 알돈사 로렌소가 아름답고 정숙한 여자라고 믿기로 결정하면 그만"이다. *결정한다는 건* 그 결정에 만족하고, 그 기본 선택에 맞춰 자신의 온 삶을 편성한다는 뜻이다. 둘시네아를 향한 돈키호테의 사랑은 전적인 개심, 삶에 의미와 정합성을 부여하는 순수한 정신 행위에 속한다. 여기서 우리는 종교의 차원 속으로 들어서는데, 신도가 자유로이 선택한 종교의 차원이다.

이때부터는 모든 게 가능해진다. 돈키호테는 좋아하는 영웅들처럼 산속에서 알몸으로 단식하며 생각 속의 여인을 위해 고행을 하고 싶어한다. 그리고 산초에게 그걸 지켜보고 나서 둘시네아에게 증언해 달라고 부탁한다.

제발 나리, 제게 나리의 발가벗은 몸을 보라고는 하지 말아주세요. 그걸 보면 너무 괴로워서 울음을 그칠 수가 없을 겁니다(…). 제가 나리의 괴상망측한 행동을 보기를 정말 원하신다면, 옷을 입은 채 아주 짧게만, 보여주시고 싶은 대로 보여주십시오. (1편 25장)

헛수고였다.

돈키호테는 서둘러 바지를 벗고 셔츠 바람이 되었다. 그런 다음 예고도 없이 공중으로 두 번 펄쩍 뛰더니 머리를 아래로 하고 두 발을 하늘로 쳐든 채 두 번 공중제비를 돌았다. 그러자 그의 물건이 고스란히 드러났고, 산초는 더는 그걸 보고 싶지 않아 고삐를 돌리며, 저 정도면 주인이 미쳤다고 얼마든지 맹세할 수 있으리라 생각했다. (1편 25장)

겉보기와는 달리 기사의 공중제비는 그저 광기의 기호일 뿐, 광기 자체는 아니다. 광적인 사랑에 대한 과도한 표명이 보여주는 역설은 그 행동이 결코 자발적인 게 아니라, 아리오스토의 《광기의 오를란도》의 문학적 모델에 따라 기발한 이달고가 전적으로 계획적이고 이성적으로 행한 것이라는 데 있다. 미치광이 돈키호테는 자신이 좋아하는 영웅들의 광기를 고의로, 그리고 체계적으로 모방할 때 그 어느 때보다 이성적이다. 광기의 의도적 모방이 갑작스럽고 비의도적인 광기와 똑같은 가치와 의미를 지닐 수 있다고 믿는 것이 그의 광적인 면모다. 돈키호테의 모든 시도는 그렇게 현실을 대체하는 기호들을 중심으로 이루어진다. 풍차가 거인의 기호가 되듯이, 두 번의 공중제비는 절박한 사랑을 의미하는 기호가 된다.

둘시네아가 정신의 창조물이니, 그녀를 위해 미친 짓을 하는 행위는 그녀의 존재를 증명하는 더없이 멋진 증거가 된다. 신에 대해서도 마찬가지다. 비록 그 광기가 덜 웃기긴 해도 말이다. 두 경우에서 동일한 믿음의 메커니즘이 어떻게 작동하는지 볼 수 있다. 예수와 동정녀 마리아를 중심으로 한 종교가 존재하듯이, 돈키호테는 둘시네아라는 종교를 창조한다.

그래서 그는 한 무리의 상인들을 멈춰 세우고는 "라만차의 황후이시며 비할 데 없는 둘시네아 델 토보소보다 아름다운 여인은 이 세상에 없다"고 고백하라고 강요한다. 당연히 상인들은 이렇게 항의한다.

> 상인 가운데 농담하기 좋아하고 짓궂은 사람이 말했다.
> – 기사 나리, 우리는 나리께서 말씀하시는 그 고귀한 부인을 알지 못합니다. 먼저 우리에게 그분을 보여주시지요. 그분이 나리 말씀처럼 아름답다면, 아무런 강요가 없더라도 저희가 기꺼이 나리의 말씀을 인정하겠습니다.
> – 내가 부인을 보여주면, 그렇게 명명백백한 사실을 인정하는 게 무슨 대단한 일이겠느냐? 보지 않고도 믿고, 고백하고, 단언하고, 맹세하고, 손에 무기를 들고 지켜드리는 것이 중요하지.(1편 4장)

돈키호테가 정신 나간 소리를 하는 걸까? 그는 유명한 복음의 추론을 돌려 말할 뿐이다. "보지 않고도 믿는 자는 복이 있다."(요한복음 20장 29절) 이는 성 바울의 말과 히브리서에서도 다시 만날 수 있다. "믿음은 바라는 것들의 확신이요, 보이지 않는 것들의 증거입니다."(히브리서 11장 1절)

그렇다면 세르반테스는 기독교의 교리들을 마구잡이로 사용하는 미치광이를 보여주며 우리가 비웃길 바라는 걸까? 아니면 스스로 그 교리들의 취약성을 드러내며 조롱하는 걸까? 이 소설의 힘은 바로 그 비결정성에 있다.

22

돈키호테가 강력한 여성을 만나는 지점

《돈키호테》에는 둘시네아라는 신기루보다 훨씬 흥미로운, 살과 뼈를 가진 여성 인물들이 수없이 많다. 둘시네아는 한 여성이 아니라 기사 소설의 관례에 부합하는 여성적 이상형이기 때문이다.

이를테면 도로테아가 그렇다. 그녀는 부유한 농부의 딸로 그 빼어난 아름다움에 대귀족 돈 페르난도가 매혹되었는데, 페르난도는 카르데니오의 약혼녀를 훔친 바로 그 인물이다. 돈 페르난도는 밤에 도로테아의 방으로 들어가 그녀와 한 몸이 되고 싶어 하나, 그녀는 저항한다. 그러자 그는 결혼을 약속하는데, 그녀는 두 사람의 조건이 불평등한 점을 걱정해 여전히 저항한다. 그는 더욱 집요해진다. 그러자 그녀는 다음과 같은 추론을 한다.

이 남자가 내게 보여주는 사랑이 그의 욕망을 채우는 시간 이상으로 지속되지 않을지라도, 운명이 내미는 이 영광을 내가 받아들이는 게 이 세상에서 처음 있는 일은 아닐 것이다. 결국 나는 하느님 앞에서 그의 아내가 될 테니까. 반대로, 내가 그를 경멸하고 차갑게 대한다면, 지금 보여주는 처신을 보니 아마도 그는 올바른 방식은 잊고 무력을 사용할 게 분명해. 그러면 나는 불명예를 당하고, 내가 얼마나 무고한지 알지 못하는 모든 이들에게 변명할 여지 없이 내 잘못만 도드라지겠지. 부모님이나 다른 사람들에게 이 남자가 내 허락 없이 내 방에 들어왔다는 걸 납득시킬 어떤 논거를 찾을 수 있을까?(1편 28장)

가부장제 사회에서 여성이 처한 조건의 모든 비극이 이 몇 문장에 압축된다. 여성에겐 두 가지 선택만 가능하다. 복종 아니면 불명예. 선택의 여지가 없게 되자 도로테아는 순종한다. 다음 날 아침, 그녀의 연인은 서둘러 그녀 곁을 떠난다. 그녀의 설명에 따르면, "욕정을 채운 남자는 오직 한 가지 욕망밖에 없기 때문이다. 욕정을 채운 곳에서 멀어지려는 욕망."

오늘날이었더라면 그녀는 #미투 해시태그를 달아

소셜네트워크에 페르난도를 고발했을 것이다. 그러는 대신, 그녀는 자신의 명예를 빼앗은 배신자에게 복수하려고 남장을 하고 집을 뛰쳐나온다. 그녀는 두 번의 강간 시도를 모면하고 산으로 피신하는데, 거기서 돈키호테의 두 친구, 신부와 이발사와 함께 있는 카르데니오를 만난다. 그들 덕에 그녀는 결국 돈 페르난도를 다시 만나 결혼을 하게 된다. 휴!

그러는 사이 그녀는 무시무시한 거인으로부터 자기 나라를 구해달라고 도움을 요청하러 온 아프리카 미코미콘 왕국의 미코미코나 공주 행세를 하며 신부와 이발사가 돈키호테를 고향으로 데려가도록 돕는다. 무엇에도 놀라는 법이 없는 돈키호테는 그 가짜 공주를 도우러 나서서 자기 집으로 돌아갈 때까지 그녀를 따라간다.

주인만큼이나 어수룩한 산초도 그 말을 믿고는 주인에게 공주와 결혼하라고 간청한다. 그래야 자신이 좀 더 빨리 통치자가 될 것이기 때문이다.

이토록 고명하신 공주님과 결혼하는 걸 어떻게 주저하실 수 있단 말입니까? 이런 모험을 만날 행운이 모퉁이를 돌 때마다 기다린다고 생각하시는 겁니까? 설마 둘시네아 부인이 더 아름답다고 생각하세요? 천만의 말씀입니다. 그 여자는 나리 앞에 계신 부인의 발목은커녕 발꿈치에도 못 미칩니다. 나리께서 까탈스럽게 구신다면 제 백작 지위도 끝장나는 겁니다. 결혼하세요. 빌어먹을, 당장 결혼하시라고요! 쟁반에 담아 내미는 저 왕국을 받으세요. 나리께서 왕이 되셔야 저를 후작이든 총독이든 만들어 주실 것 아닙니까. 그런 다음에야 어찌되건 내 알 바 아니고요!(1편 30장)

산초는 괜한 헛수고만 한다! 둘시네아를 향한 돈키호테의 충절은 흔들림이 없다. "강한 여성", 진정한 여주인공인 도로테아는 적어도 기사만큼의 용기와 그 이상의 통찰력을 보여준다.

23

돈키호테가 세르반테스를 만나는 지점

돈키호테가 가진 만남 가운데 가장 감동적인 것은 베일을 쓴 여성을 동반하고 객줏집에 나타난 여행자와의 만남이다.

> 옷차림으로 보아 그는 무어인들의 땅에서 돌아온 기독교인 같았다. 푸른 나사 천으로 된 몸에 꼭 붙는 옷을 입었는데, 반소매에 옷깃이 없고 짧은 연미복 꼬리가 달렸다. 그의 바지와 모자도 푸른 나사 천으로 된 것이었고, 갈색 신발을 신었으며, 비스듬히 맨 칼집에는 언월도가 매달려 있었다.
> 마흔 살가량 된 그 남자는 건장했고, 키가 훤칠했다. 구릿빛 얼굴에 긴 콧수염과 잘 다듬은 턱수염이 보였다. (1편 37장)

뒤에 가서 보게 되겠지만, 이 초상은 아마도 저자의

자화상일 것이다⋯.

옷에 대한 자세한 묘사는 세르반테스와 동시대의 독자들에게는 의미가 있었을 테지만 오늘날 우리에겐 무의미해 보인다. 소설은 그런 사라진 세계의 보잘것없는 유물의 의도치 않은 사냥터가 된다. 어쨌든 옷의 푸른색은 무어인들에게 포로로 붙들린 기독교인들의 특징이라는 걸 우리는 안다. 여행자의 언월도는 명백히 그곳에서 온 것이다.

이 낯선 자는 실제로 포로였다. 에스파냐 군대의 대위였던 그는 세르반테스처럼 레판토 전투에 참전했다. 안타깝게도, 에스파냐가 승리했음에도 그는 오스만군에 포로가 되어 콘스탄티노플로, 그 후엔 알제로 끌려갔다. 그곳 사람들은 그를 사슬에 묶어 몸값이 올 때까지 감옥에 집어넣는데, 그의 집안이 가난해서 몸값이 올 가능성은 전혀 없다.

다행히 그는 감옥 안뜰로 난 창문을 통해 젊은 무어인 여성의 관심을 끈다. 남몰래 기독교로 개종한 이 특출한 미모의 여인 소라이다는 포로를 사랑하게 되고, 파란만장한 모험 끝에 결국 그 포로와 다른 기독교인 포로 몇 명과 함께 도망친다. 그들 모두가 프랑스 사략선에 잠깐 붙잡혔다가 에스파냐로 돌아온다. 프랑스 사략선은 다행히도 아주 정중히 대해준다.

《돈키호테》는 이렇게 지중해 연안 민족들 사이의 역동적인 관계를 무대에 올림으로써, 역사가 페르낭 브로델의 그 유명한 제목을 빌려 말하자면 "펠리페 2세 시대의 지중해"의 위대한 소설로 자리매김한다.

이 이야기의 가장 놀라운 점은 16세기와 17세기 오스만 제국을 위해 노역한 수천 명의 유럽 기독교인 포로들과 노예들의 일상 속으로 우리를 끌어들인다는 점이다. 일상 노역의 리듬, 감독관으로 일한 배신자들과 포로들의 불신 관계, 오스만 권력과 무어인들 사이의 위계질서, 이 모든 게 알제의 감옥을 직접 겪은 이의 지식임을 드러낸다. 그럴 만하다! 옛 포로의 증언에 귀를 기울이기만 하면 된다.

> 알제의 왕 하산 아가가 사소한 이유로 또는 심지어 이유도 없이 기독교인을 목매달거나 찔러 죽이거나 귀를 자르지 않는 날이 없었습니다. 이는 그가 그저 재미로, 피에 굶주린 본성을

채우기 위해 그런 짓을 한다는 걸 튀르키예인들에게 분명히 보여줬지요. 사아베드라라는 에스파냐 병사 한 명만이 자유를 되찾기 위해 튀르키예인들의 기억에 오래도록 남을 일들을 하고도 살아서 빠져나왔죠. 하산은 그에게 채찍질도 하지 않고, 벌을 주지도 않았고, 고약한 말을 한 적도 없었습니다. 그가 사소한 행동만 해도 우리는 그가 꼬챙이에 찔릴까 두려워했는데 말이지요. 그 자신도 그런 예상을 한 게 한두 번이 아니었습니다. 제게 여유만 있으면 그 병사의 용맹한 행동에 대해 말해드릴 텐데. 그자에겐 제 이야기보다 훨씬 더 여러분을 깜짝 놀라게 하고 무료함을 달래줄 이야깃거리가 많을 겁니다.(1편 40장)

사아베드라 병사라고? 이는 바로 세르반테스 본인이 아닌가. 본명이 세르반테스 사아베드라이고, 실제로 알제의 감옥에서 5년을 보냈잖나. 이렇게 그는 알프레드 히치콕이 제 영화에 등장하듯이 제 소설 속에 슬며시 등장한다. 포로였던 대위는 바로 저자의 분신이자 대변인이다. 이렇게 얼핏 비치는 저자의 실루엣은 이 감옥과 노예 생활에 관한 이야기를 읽을 때 어째서 온갖 감정이 우리를 사로잡는지 설명해준다….

24

신학이 소설 속에 끼어드는 지점

돈키호테와 그의 동료들이 항상 뜻하지 않게 돌아오는 운명적인 객줏집에서 소설에 관한 토론이 벌어진다. 객줏집 주인은 소설을 아주 좋아한다고 고백한다. 그는 웬 여행가방에서 "분별없는 호기심"이라는 제목이 붙은 원고를 꺼낸다. 바로 호기심이 동한 신부는 모두를 위해 자신이 그걸 읽겠다고 나서고, 온갖 이야기가 그득한 이 소설에서 가장 매혹적인 이야기 중 하나가 시작된다.

그것은 젊은 아내 카밀라를 미칠 듯이 사랑하는 안셀모라는 남자의 이야기다. 그는 아내와 완벽한 행복을 누리며 살았을 것이다. 의심에 사로잡히지만 않았더라면 말이다. 그가 생각하는 것만큼 "아내가 정숙하고 완벽할까?"(1편 33장). 확신을 갖기 위해 그는 가장 가까운 친구 로타리오에게 부탁해 카밀라에게 구애해서 시험해 보라고 한다. 로타리오는 단호히 거절한다. 친구의 터무니없고 변태적인 요구를 피하려고 그는 가능한 모든 술수를 쓴다. 하지만 너무도 집요한 안셀모의 부추김에 따라 3장 이후엔 생각할 수도 없는 일이 결국 벌어진다. 남편이 떠밀어서 서로의 품에 안겨준 최고의 아내와 최고의 친구는 뜻하지 않게 사랑에 빠져서 함께 달아나고, 버림받은 가련한 안셀모는 절망에 빠져 죽는다.

라신처럼 수단을 절약해서, 고작 세 명의 인물을 중심으로 사건들을 자연스럽게 논리적으로 이어 구성한 이 우아한 단편은 사실 대단히 교훈적이다. 증명할 필요가 없는 것에 대한 증거를 찾아 나서는 건 미친 짓이라는 교훈. 그런데 몇 세기 이전에, 또 다른 안셀모, 안셀무스 칸투아리엔시스라는 스콜라 학파 신학자는 대단히 위험한 또 다른 증거를 제시하려 했다. 훗날 존재론적 논증이라는 이름으로 유명해진, 신의 존재에 대한 증거다.

세르반테스가 자기 이야기의 주인공으로 같은 이름

을 선택한 것이 전적으로 우연이었을까? 아니면 신학적 성격의 어떤 호기심은 부부 사이의 정절에 대한 호기심과 마찬가지로 부적절하다는 걸 말하고 싶었던 걸까? 너무 깊이 파고들지 않는 편이 나은 주제들이 있다.

《돈키호테》의 작품 전반에 걸쳐 종교적 성찰이 펼쳐지는데, 그 일관성은 놀랍다. 기사는 가톨릭의 사도신경에 빗대어 말하며 그리스도와 자신이 사랑하는 여인을 묘하게 동일 선상에 배치한다. "나는 나의 귀부인을 창조하지도 잉태하지도 않았습니다."(2편 32장) 그가 사제직을 맡은 둘시네아 종교는 사실 기독교 신앙에 대한 하나의 패러디일 뿐이다.

그가 자기 생각 속의 귀부인을 한 번도 본 적이 없다고? 대단한 일이다! 신약성서는 중요한 건 보지 않고 믿는 것이라고 거듭 반복해서 말하지 않는가?(1편 4장) 때로 돈키호테는 무모한 신성모독을 통해, 이를테면 성모상을 운반하는 행렬에서 성모상을 해방하려고 시도함으로써 마리아 숭배를 공격한다(1편 52장). 때로는 론세스바예스에 보존된 "대들보만 한"(1편 49장) 뿔피리의 존재를 통해 기사 롤랑의 역사적 실존을 증명하려고 함으로써 유물숭배를 조롱한다. 맘브리노의 투구로 변한 이발사 대야로 말하자면, 대야의 외관을 전혀 바꾸지 않는 이런 변신을 '*실체 변화*'라고 부르는 편이 나을 것이다. 축성된 제병이 빵조각의 외관은 그대로 간직한 채 그리스도의 몸이 되는 것과 같은 변신인 것이다(1편 45장).

마치 종교적 생각들이 돈키호테에 의해 제멋대로 적용되면서 광기에 빠진 것 같다. 종교 자체가 광기이고 조롱거리로 변한 게 아니라면 말이다. 어떻게 알 수 있겠는가?

소설 2편에서 무어인 리코테는 양심의 자유를 예찬하면서 종교적 비판 쪽으로 기울어진다. 이 인물이 저자의 대변인일 가능성이 높기 때문이다(2편 54장). 세르반테스의 다른 텍스트들, 특히 《모범소설집》도 종교적 다양성과 톨레랑스를 옹호하는 방향으로 나아간다.

세르반테스의 종교가 무엇이었는지 알기란 어렵다. 물론 공식적으로 그는 가톨릭 신자였다. 말년에 그는 거룩한 성사 노예 수도회와 프란치스코 제3회 수도

회의 일원이 되었다. 하지만 대단히 가톨릭 국가인 에스파냐에서 이런 행동을 한다고 딱히 진정성 있고 깊은 종교적 신념을 드러내는 건 아니었다. 어쩌면 세르반테스는 단지 아내 카탈리나의 불안에 응답한 게 아니었을까? 당시 비수도원 조직이었던 형제단은 사회적 차원의 강력한 힘을 지녀서, 훗날 일부 사람들이 프리메이슨에 들어갔듯이, 그곳에 들어가서 지지를 얻고 네트워크를 만들 수 있었다.

16세기와 17세기의 지성의 역사에 대해 정통한 철학자 레오 스트라우스는 이데올로기적 전체주의와 박해의 시대에 대단히 독특했던 글쓰기 예술에 대해 강조한 바 있다. 황금기의 에스파냐는 당연히 그런 시대에 속한다. 당시 반체제적인 사상가들에겐 자신의 생각을 받아들여질 만한 외양과 모호성 아래 감추어 표현하는 게 중요했다. 그렇게 함으로써, 이단으로 단죄받을 때 자신의 글이 오독된 거라고 주장하고 자신의 글에 대한 더 정통적인 해석 뒤로 숨을 수 있는 것이다.[21] 그렇기에 해석학자들은 아주 미미한 단서들을 토대로 메시지를 해석할 능력을 갖추어야 한다.

오늘날 독자들이 저지르는 오류는 해석적 모호성을 이데올로기적 양면성의 표시로, 더 나쁘게는 불확실하고 서툰 표현의 징후로 받아들이는 것이다. 이를테면 우리는 이렇게 말하고 싶을 수도 있다. 세르반테스는 열렬한 가톨릭 신자였으며, 종교에 대한 그의 익살스러운 암시는 그의 깊은 신념을 조금도 해치지 않는다고 말이다.

신중하다고 해야 할지 아니면 소심하다고 해야 할지 모를 이런 최소한의 해석은 작가가 자신의 모든 생각을 뉘앙스와 진심을 실어 글로 쓸 수 있고, 또는 오류를 범할 권리까지 누리는 표현의 자유의 시대라면 아마도 정당화될 수 있을 것이다.

반면에, 표현에 재갈이 물렸고, 면책을 박탈당한 작가들이 정치적 및 종교적 박해 아래 저마다 자기 말을 검열하며 쓴 작품들에 이렇게 호의적이고 천진한 해석이 적용된다면, 그건 시대착오적이다. 그럴 경우라면 아주 사소한 디테일이 중요하며, 가장 강력한 해석lectio

---

21 레오 스트라우스, 《박해와 글쓰기 예술》(1952년).

fortior이 선호된다. 이단의 작가들은 언제나 자신이 생각하는 것보다 적게 말한다. 세르반테스 같은 지성을 갖춘 작가일수록 더욱 그렇다.

오늘날의 독자가 옛날 텍스트의 모든 차원을, 그 텍스트가 내포한 모든 걸 이해하길 원한다면, 역설적으로 옛날의 심문관처럼, 나아가 그 시절의 검열관들보다 더 엄격하게 읽어야 한다. 우리가 알다시피, 그 시절 검열관 중 일부는 때때로 자신들이 검열해야 했던 작가들에게 죄책감을 느꼈다.

따라서 《돈키호테》의 모호성은 겉으로 보이는 것보다 훨씬 강조된 일탈의 기호로 해석되고 진지하게 고려될 가치가 있다. 그런데 저자가 언제든 결별할 수 있는 광인에게 천 쪽이 넘는 분량의 발언을 맡기는 것보다 더 교묘하게 모호한 장치가 있을까? 바로 그것이 검열의 필터를 통과하기 위해 세르반테스가 사용한 천재적 방식이었다. 바로 그렇기에 기발한 이달고의 종교적 기행은 마치 기성 종교와 그것이 강요하는 지배에 대한 은밀한 비판으로 읽힐 수 있다.

이 의심스러운 해석이 맞다면, 세르반테스는 무엇

을 옹호하는 걸까? 당시에는 보기 드물었던 무신론을 옹호하는 건 물론 아니겠지만, 아마도 그가 이탈리아어 번역본으로 읽었을 몽테뉴와 같은 방식의 합리적인 불가지론과 믿음의 자유를 옹호하는 것일 터다. 종교를 갖는 건 좋지만 신을 너무 가까이에서 찾거나 너무 좁은 틀에 가두지 않는 편이 낫다는 것. 안셀모는 그저 믿음의 대상이어야 하고 불확실성에 남겨두어야 하는 것을 입증하려는 오류를 범했다. 어쨌든 돈키호테는 자신이 원하는 모든 걸 믿는 자가 아니던가?

25

돈키호테가 익살 영화를
만들어내는 지점

배우 헤럴드 로이드가 마천루 꼭대기에서 허공으로 떨어지지 않으려고 시계 바늘에 필사적으로 매달려 버둥대는 유명한 영화 장면을 우리는 안다. 찰리 채플린과 버스터 키튼의 영화들에서도 비슷한 예들을 찾아볼 수 있다. 익살스러운 인물들의 몸은 언제나 혹독한 시련을 겪었다.

그들 모두의 조상은 바로 돈키호테다. 돈키호테는 모험을 거듭하며 세상의 영원한 놀림감이 되고, 매번 거의 죽을 뻔하다가 더 생생히 일어서는 꼭두각시, 사지가 따로 노는 꼭두각시 같다. 마치 애니메이션 속 코요테가 벽에 부딪혀 납작해지거나 기차에 깔려도 전보다 더 생생히 살아서 움직이는 것처럼.

기발한 이달고가 얼마 남지 않은 이빨을 잃은 적이

얼마나 많았던가. 하지만 그래도 이빨은 다음 모험에서 더 많이 잃을 만큼 여전히 남아 있잖나!

앞선 일화들에서 얘기된 카르데니오, 도로테아, 안셀모, 알제의 포로 등의 이야기들이 수렴되고 기적적으로 해결되는 운명적인 객줏집에 우리는 그를 남겨두었다. 돈키호테가 여전히 성으로 여기는 객줏집이다. 밤이 되자 그는 말을 탄 채 성을 지킨다. 그때 그가 공주로 여기는 객줏집 딸이 창가에서 그를 불러 손을 달라고 청한다. 그는 안장 위에 올라서서 팔을 드는데, 그 틈을 타 하녀 마리토르네스가 그의 손목을 밧줄로 단단히 묶는다. 두 여자는 가련한 기사에게 벌인 장난에 흡족해하며 곧장 달아난다. 함정에 걸린 기사는 손을 풀지도 못하고, 마법에 걸렸다고 생각하며 행여 말이 움직일까봐 옴짝달싹도 못 한다. "그는 안장에 다시 앉고 싶었지만 내내 서 있거나 아니면 자기 손을 뽑아내는 수밖에 없었다"(1편 43장).

그는 그 꼴로 밤을 지새웠다. 이른 아침에 말 탄 사람들이 오고 로시난테가 암말의 냄새를 맡으려고 움직일 때까지.

말이 조금밖에 움직이지 않았는데도 돈키호테의 두 발이 안장에서 미끄러졌으니 한쪽 팔이 매달려 있지 않았더라면 우리의 기사는 땅바닥에 떨어지고 말았을 것이다. 팔이 얼마나 아프던지 그는 손목이 끊겼거나 팔이 뽑힌 줄 알았다. 발끝이 땅을 스칠 정도로 땅에 가까이 매달려 있었는데, 그게 전혀 도움이 되지 않았다. 거의 발이 닿을 수 있을 것 같아서 그는 최대한 몸을 뻗어 보는데, 밧줄로 손목을 묶어 도르래에 매달아 땅바닥 바로 위에서 대롱거리게 하는 형벌을 받은 죄수들처럼 몸을 조금만 더 뻗으면 바닥에 닿을 것 같은 착각에 빠져 있는 힘껏 몸을 뻗을수록 고통만 더 커졌다. (1편 43장)

이것은 세상의 악의 때문에 돈키호테에게 가해진 끔찍한 형벌이다! 마리토르네스가 다행히 그를 구하러 오지 않았더라면, 이 모든 건 아주 비참하게 끝났을 것이다.

세르반테스의 소설 속에 그려진 이 잔혹성에 놀란 니체처럼, 우리도 불편한 마음으로 읽게 되는 일화다.

오늘날 우리는 이 작품을 읽는 내내 거의 고문에 가까운 쓸쓸

함을 맛보고, 저자와 그리고 이 작품을 거리낌 없이 가장 유쾌한 책으로 읽으며 거의 죽도록 웃었던 동시대인들을 이해하기가 힘들고 그들이 낯설게 느껴진다. 누군가 고통받는 걸 보는 건 기분 좋은 일이고, 누군가에게 고통을 주는 건 더더욱 기분 좋은 일이다—이것이 혹독한 원칙, 오래되고, 강력하며, 인간적인, 너무도 인간적인 원칙이다(…). 잔혹함 없는 축제란 없다. 이것이 가장 오래되고 가장 긴 인간 역사가 주는 가르침이다. 심지어 형벌조차 축제 *분위기*를 잔뜩 품고 있다!²²

니체의 말처럼 세르반테스 시대와, 훨씬 예민하고 더 문명화되고 어쩌면 더 말랑말랑해진 우리 시대 사이에 진정한 인류학적 차이가 있는지도 모른다. 옛날의 익살은 천진하고 유치한 악의 때문에 우리에게 거슬리고, 불의에 굴복하는 정의의 수호자를 보는 것은 우리에게 웃음보다는 고통스러운 동정심을 불러일으킨다. 에스파냐 철학자 우나무노는 돈키호테를 "카스티야의 그리스도"로, 고통받는 그리스도로 보기까지

---

22 프리드리히 니체, 《도덕의 계보》(1887).

한다. 더 나중에 나온 도스토예프스키의 '백치'인 미쉬킨 공작이 또한 그런 인물이듯이.

그렇다면 그리스도인가, 아니면 꼭두각시인가? 사실, 웃음과 연민 사이의 이 긴장 속에 세르반테스 소설의 모든 복잡성이 자리하고 있다. 문학의 가치는 모호성 속에 있으니 말이다.

26

돈키호테가 우리를 유토피아로 초대하는 지점

돈키호테를 자신을 잔 다르크나 나폴레옹이라 여기고 정신병원에서 탈출한 환자 정도로 생각하며 비웃기란 너무 쉬운 일이다. 그가 즐겨 머리에 쓰는 이발사 대야 때문에 그를 진지하게 바라보기가 어렵다. 실제로 이 소설은 출간되었을 때 괴상한 광기 이야기로 읽혔고, 그 익살이 온 유럽을 거대한 웃음 속으로 끌어들였다.

그러나 해석은 금세 달라졌다. 18세기부터 사람들은 《돈키호테》에서 초기 독자들이 거의 감지할 수 없었던 깊이를 보았다.

그런데, 그 깊이는 눈앞에 이미 있었다. 세르반테스도 작품을 써나갈수록 자신이 처음에 단순한 환상에서 창조한 인물이 점점 육신을 갖고 복잡성을 띠는 걸 보며 스스로 놀랐다.

과연 광기란 무엇인가? 광인은 세상을 뒤집으면서 예상치 못한 면모들을 발견한다. 그는 외양의 독재로부터 우리를 해방한다.

소설 속에서 돈키호테와 힘겹게 토론하는 이들은 그의 지성에 놀라고, 그가 더없이 합리적인 추론에서 기괴한 생각으로 건너갈 때나 그 반대로 바뀔 때의 민첩성에 놀랐다고 털어놓는다. 우리의 영웅이 실존에 대한 자기 생각을 종합해서—1편의 철학적 결론처럼—들려주는 교구 참사회원도 마찬가지 반응을 보인다.

기사 소설에서 "쓸데없는 말과 거짓말"만 보는 대화 상대에 맞서, 돈키호테는 어느 기사가 이를테면 "부글부글 끓는 역청 호수" 아래에서 환상적인 왕궁을 발견하는 그런 우화의 필요성을 옹호한다. 그리고 그는 이렇게 결론짓는다.

> 제 말을 믿고, 제가 거듭 조언했듯이, 이 책들을 읽어보시오. 당신이 우울증을 앓고 있다면 이 책들이 우울을 몰아내고, 당신의 나쁜 기분을 달래주는 걸 보게 될 겁니다. 나로 말하자면, 편력 기사가 되고 나서부터는 용감하고, 겸손하고, 상냥

하고, 호의적이고, 관대하고, 끈기 있고, 부드럽고, 대담하고, 정중해졌으며, 고난도 감방도 마법도 견디게 되었습니다. 사람들이 나를 미친 사람 취급하며 가둔 우리에서 막 빠져나오긴 했지만, 하늘이 돕고 운명이 나를 막아서지만 않는다면 내 두 팔의 힘만으로 며칠 안에 승리해서 어느 왕국의 군주가 될 테고, 거기서 내 마음을 가득 채운 감사와 관용을 드러낼 수 있을 겁니다. 사실, 가난한 자는 제아무리 수준 높은 자비의 덕을 갖췄을지라도 누구에게도 관대함을 보일 수 없습니다. 마음속에만 있는 감사의 마음은 행동 없는 믿음처럼 죽은 것으로 남지요. 바로 그래서 저는 행운이 제게 어서 빨리 황제가 될 기회를 안겨주길 바랍니다. 제 친구들에게, 특히 제 종자인 저 가련한 산초 판사에게 선을 베풀어 제 선량한 마음을 보여주도록 말이오. 세상에서 최고로 훌륭한 인간인 그에게 오래전에 약속한 백작령을 주고 싶답니다. 다만 저 친구가 그 영지를 다스릴 능력을 갖췄는지는 걱정입니다만.(1편 50장)

그렇다, 돈키호테는 자신을 편력 기사로 여기기 시작한 뒤로 나은 사람이 되었다고 털어놓는다. 미셸 푸코는 그의 광기가 뿌리 깊은 선량함의 광기라고 평했다. 그것은 모든 번민을 견딜 수 있게 해주는 기독교적이고 신비주의적인 광기이며, 성스러움의 광기다.[23]

돈키호테는 마법사들을 경계하지만, 그 자신이야말로 가혹하고 잔인한 세상을 이상으로, 믿음으로, 이상향으로 마법을 거는 최고의 마법사다. 지팡이가 검이 되고, 작은 덤불이 침범할 수 없는 궁전이 되는 두 세계에 동시에 사는 아이들처럼 말이다.

우리에 갇힌 기사는 자기 운명을 자신의 잘못보다는 마법사들의 탓으로 보는 편을 선호한다. 그러지 않으면 양심의 가책으로 너무 괴로울 것이기 때문이다(1편 49장). 자신의 실패를 자기 자신보다는 초자연적인 힘의 탓으로 돌리는 것은 사실 패배를 극복하는 방식이고, 나아가 살아남기 위한 방식이 아닌가?

그러고 보면 돈키호테는 삶의 스승이다. 1936년 에스파냐 공화주의자들 쪽에 가담했던 비평가 엘리 포르는 세르반테스의 소설을 일종의 "다섯 번째 복음"으로 보았는데, 잘못 본 게 아니었다.

---

[23] 미셸 푸코. 1961년 6월 22일자 라디오 인터뷰. 1961년 9월 18일 〈프랑스 앵테르〉의 "세계의 공연을 비추는 스포트라이트" 프로그램에서 방송되었다.

27

돈키호테가 집으로 돌아가는 지점

좋은 일에는 끝이 있다고 속담은 말한다. 그러나 이 말이 늘 맞는 건 아니다.

세르반테스가 1605년에 출간한 소설이 끝날 무렵, 돈키호테는 강제로 자기 집으로 돌려보내졌다. 우리는 저자를 통해 이달고가 세 번째 가출을(아주 짧았던 첫 번째 가출 때 그는 혼자였고, 훨씬 더 길었던 두 번째 가출 때는 산초 판사가 함께했다) 하리라는 걸 알고 있다. 화자는 이렇게 덧붙인다.

> 이 이야기의 저자는 돈키호테가 세 번째 가출 때 이문 모험을 찾아보려고 무진 애를 썼지만 적어도 믿을 만한 글에서는 흔적조차 찾지 못했다. 다만 라만차 주민들이 간직한 전설에 따르면, 세 번째로 집을 나선 돈키호테는 사라고사로 가서 그

도시에서 열린 마상시합에 참여했으며, 그의 용맹과 위대한 정신에 걸맞은 일들이 일어났다는 것이다. 돈키호테의 최후와 죽음에 대해서는 저자가 납 금고를 가진 웬 늙은 의사를 우연히 만나지 않았더라면 전혀 알 길이 없었을 뻔했다. 늙은 의사는 복원 중이던 오래된 암자의 토대 밑에서 그 금고를 발견했다고 한다. 금고엔 고딕 문자이지만 카스티야어로 쓰인 양피지가 들어 있었는데, 거기엔 돈키호테의 숱한 무훈이 기록되었고, 둘시네아 델 토보소의 아름다움과 로시난테의 모습과 산초의 충정에 관한 이야기는 물론이고, 돈키호테의 무덤에 관한 내용도, 다시 말해 그의 생애와 품행에 관한 다양한 비문과 찬사가 적혀 있었다고 한다. (1편 52장)

세르반테스는 돈키호테가 죽어서 묻혔다고 알리면서 이야기의 속편을 내놓길 포기했다. 그렇게 마침점을 찍어 버린 것이다.

그건 에스파냐와 전 유럽에서 이 소설이 거둔 눈부신 성공을 고려하지 않았기 때문이다. 1615년, 에스파냐를 찾은 프랑스 귀족들은 왕이 세르반테스에게 그의 공적에 대한 연금을 아직 지급하지 않았다는 사실을

알고 놀랐다.[24]

그보다 1년 전에 돈키호테의 모험 2편이 출간되었는데, 세르반테스가 아니라 아벨라네다라는 이름이 달렸고, 그 가명 아래 누가 숨었는지는 알 수 없었다―어쩌면 위대한 로페 데 베가인지도 모르지만, 이런 건 부자들에게만 붙이는 법이니 알 수 없다. 어쨌든 그자는 고약한 인간이었다. 동료 작가의 성공을 이용해 원래 작품의 피를 빨아먹는 데 그치지 않고, 세르반테스를 거침없이 비판까지 했으니 말이다. 그는 세르반테스가 "손재주보다는 말재주가 많다"고 비난하며(세르반테스가 외팔이라는 사실을 암시하며) 글쓰기를 그만두라고 촉구했다.

충격을 받은 세르반테스는 소설의 후속편을 직접 써서 응수하는데, 그 책은 겨우 몇 달 뒤인 1615년에 출간된다―틀림없이 오래전부터 준비해온 것이다. 세르반테스는 그 책에서 자신이 10년 전에 예고했던 돈키호테의 마지막 가출을 이야기한다.

서문에서 그는 그 불가사의한 아벨라네다에게 능란

---

24 《돈키호테》 2편의 검열관의 말을 믿자면 그렇다.

하게 응수한다.

> 그자가 나를 늙은이에 한쪽 팔이 불구라고 비난했다니 불쾌하지 않을 수 없습니다. 내게 시간의 흐름을 멈춰 세우거나 시간이 흐르지 않게 할 수 있는 능력이라도 있단 말입니까. 내가 모든 세기를 통틀어 가장 유명한 전투에서 다친 게 아니라 어느 술집에서 주먹 다툼이라도 벌이다가 손을 망가뜨리기라도 했단 말입니까. 내 상처가 보기에는 그리 영광스러워 보이지 않을지 몰라도, 내가 그 상처를 어디에서 입었는지 아는 사람들은 높이 평가하는 것입니다. 전사는 달아나서 목숨을 구하느니 전쟁터에서 죽는 편이 낫지요. 오늘날 내게 다시 과거로 돌아가라고 하면, 나는 전투에 나서지 않아 내 왼손을 다시 쓸 수 있게 되는 것보다 그 경이로운 전투에 참전하는 편을 선택할 거라고 확신합니다. 병사가 얼굴과 가슴에 입은 상처는 별입니다. 명예와 찬사를 좇는 다른 사람들을 인도하는 별이죠. 게다가 글은 백발로 쓰는 게 아니라 분별력으로 쓰는 것이고, 분별력은 대개 나이가 들수록 나아지지요. (2편 서문)

명심하자! 예순일곱 살의 군인 작가, 레판토 해전 승자인 그는 적들에게 무엇도 내주지 않겠다고 단단히 마음먹고 기발한 이달고와 함께 돌아온다. 세르반테스는 일 년 뒤에 죽지만 후대에《돈키호테》2편을 남기는데, 곧 보겠지만 그 2편은 1편보다 훨씬 더 비범하다.

28

돈키호테가 《돈키호테》를 읽는 지점

《돈키호테》 2편 도입부에서 주인공은 산초 판사에게 마을 사람들이 자신에 대해 뭐라고 말하는지 묻는다.

– 그러면 우선 말씀드리자면, 마을 사람들은 나리를 완전히 미친 사람으로 생각하고, 저는 완전히 바보로 여깁니다. (…) 나리께서 나리에 대한 온갖 끔찍한 얘기를 정말 알고 싶으시다면, 지금 당장 가서 마지막 부스러기 하나 남기지 않고 얘기해줄 사람을 데려오겠습니다. 그 사람은 어젯밤에 도착한 바르톨로메 카라스코의 아들인 삼손입니다. 살라망카에서 공부를 하고 학사가 되어 돌아왔죠. 제가 그자에게 환영인사를 하러 갔더니, 나리의 이야기가 《기발한 이달고 돈키호테 데라만차》라는 제목의 책에 실렸다는 겁니다. 그 책에는 저에 관해서도 제 진짜 이름인 산초 판사로 나와 있고, 둘시네아 델

토보소 부인 얘기도 있나 보더라고요. 그리고 우리 둘이서만 있었을 때 일어난 일들까지도 나온답니다. 그러니 그걸 쓴 이야기꾼이 악마가 아니고서야 어찌 그 모든 걸 알까요?
– 산초야, 우리 이야기의 저자는 아주 현명한 마법사인 게 틀림없어. 그런 자들은 얘기하고 싶은 걸 다 하니까 아무것도 숨길 수가 없지. (2편 2장)

한 등장인물이 자신이 등장인물이라는 걸 아는 건 드문 일이다. 그런데 이 극중극은 우리 기사에게 맡겨진 놀라운 운명이다. 그는 자신의 모험이 책의 주제가 되었고, 그 책을 모든 사람이 읽었으며, 그 책이 오늘날 우리가 1605년에 출간된 그의 모험의 첫 편으로 알고 있는 그 책이라는 걸 안다. 이 서사 술책을 가능케 해주는 거대한 시간적 비사실성에 대해서는 길게 말하지 않겠지만, 돈키호테가 고향으로 돌아오고 고작 몇 주 지난 뒤에 그의 모험을 이야기하는 책이 출간되어 온 에스파냐 사람들이 그걸 읽었을 수 있었단 말인가? 두 편에 걸친 이달고의 모험을 정확히 시간순으로 정리해 보면, 그 모험이 통틀어 두세 달을 넘기지 않는다는 걸 알게 된다. 이 이야기꾼은 마법사인 게 틀림없다!

돈키호테의 상황은 〈트루먼 쇼〉에서 짐 캐리가 구현하는 인물의 상황에 비교할 만하다. 자신도 모르는 새 텔레비전 방송의 주인공이 되어 있다는 사실을 깨닫는 인물 말이다. 다만, 신이 세상을 극장처럼 다스리는, 세르반테스의 바로크적 세계에서는 마법사나 이야기꾼이나 소설가에게 관찰당하는 일이 사실상 사물의 질서에 속한다는 점만 다르다.

돈키호테는 자신이 주인공으로 등장하는 책에 관해 더 자세히 알기 위해 삼손 카라스코를 불러 오게 한다.

학사가 말했다

- 돈키호테 데 라만차 나리, 위대하신 나리의 손에 입 맞출 수 있게 해주십시오. 제가 입고 있는 학사 법의를 걸고 맹세하건데, 나리께서는 지구상에 존재한 그 어떤 편력 기사보다 유명한 분입니다! 당신의 지고한 무훈을 이야기로 쓴 시데 아메테 베넹헬리가 장수를 누리길, 그 이야기를 온 세상 사람들이 즐길 수 있도록 아랍어에서 우리말로 번역하는 수고를 해준 분 또한 더더욱 장수를 누리길 빕니다!

돈키호테가 그를 일으켜 세우며 말했다.

- 그러니까 내 이야기가 존재하며, 그 저자가 무어인이며 현자라는 게 사실인가?

- 오늘만큼이나 명명백백한 사실이며, 리스본·바르셀로나·발렌시아에서 만2천 부 넘게 인쇄된 것으로 압니다. 그리고 안트베르펜에서도 곧 인쇄될 것으로 보입니다. 저는 그 책이 곧 모든 나라의 모든 언어로 번역된다 해도 놀라지 않을 겁니다.(2편 3장)

아마도 세르반테스는 자신의 예언이 그 정도로 실현되리라고는 상상하지 못했을 것이다!

물론, 그 책에 결점이 없지는 않다고, 삼손 카라스코는 인정한다. 왜냐하면 "그 이야기를 읽은 사람들 중에는 저자가 돈키호테 나리에게 여러 차례 가한 몽둥이질 수에 대해 그렇게 자세히 밝히지 않았길 바라는 사람도 있으니까요." 그러자 돈키호테도 동의한다. 주인공에게 해가 되는 온갖 세세한 내용은 침묵하고 지나가는 편이 낫지요. 독자는 거듭되는 그런 몽둥이질이 주는 즐거움을 잘 아니까….

세르반테스는 소설의 역사상 전례 없는 인물과 독자 간의 토론을 이용해, 자기비판을 하고 1편의 몇몇 약점을, 특히 주된 줄거리의 흐름을 끊는 긴 이야기들의 삽입을 약점으로 인정한다. 돈키호테는 스스로 그 비난을 이렇게 표현한다.

> 그런데 이 작가가 무슨 동기로 나와는 아무 상관도 없는 이야기며 단편들을 덧붙일 생각을 했는지 모르겠소. 나에 관한 것만도 할 말이 많을 텐데 말이오! (2편 3장)

저자가 자기 주인공의 지적에 귀를 기울였던 모양이다. 왜냐하면 《돈키호테》 2편에는 그런 삽입된 이야기들이 없으니 말이다. 3백 쪽 더 뒤에서 텍스트의 아랍인 저자는 심지어 여담들을 삽입하는 걸 가로막음으로써 자신의 재능과 재주에 재갈을 물린다고 투덜거리기까지 한다(2편 44장)!

어쨌든 이런 대가를 치르고 《돈키호테》 2편은 첫 편보다 훨씬 재미나고 심오한 작품이 되었는데, 이는 의미심장한 사실이다.

29

산초 판사가 돈키호테를 홀리는 지점

산초 판사의 도움으로 돈키호테는 조카와 하녀의 감시에서 벗어나게 된다. 이제 둘은 다시 새로운 모험을 향해 길을 떠난다.

첫 번째 단계는, 토보소 마을로 가서 마침내 자신이 마음에 품은 여인, 숭고한 둘시네아에게 경의를 표하는 것이다. 다만 그녀가 존재하지 않는다는 게 문제다.

그런데, 돈키호테는 그 반대를 확신했다. 첫 편에서 산초가 자신에게 맡겨진 임무를 이행했고, 편지를 둘시네아에게 전했기 때문이다. 산초가 둘시네아를 만나서 말까지 나눴으니까. 적어도, 종자는 그렇게 보고했다. 사실 그는 토보소에 간 적이 없지만(1편 31장).

이제 종자는 제 함정에 빠졌다. 마을에 도착한 돈키호테가 산초에게 둘시네아가 사는 궁으로 안내하라고 청한다. 산초는 여간 난감한 게 아니다. 자신이 거짓말을 했으며 그 부인을 한 번도 본 적 없다고 털어놓지 않을 방법이 없을까?

그때 종자는 길에서 당나귀를 타고 가는 시골 아낙 세 명을 본다. 그는 아낙 한 명에게 달려가서 무릎을 꿇고 말한다.

> - 아름다움의 여왕이자 공주님이자 공작부인이시여, 위대하고 고귀하신 당신 앞에 선 당신 종의 경의를 받아주시옵소서. 장엄하신 당신의 존재 앞에서 당신의 종인 기사님은 너무도 감동하고 놀라서 대리석 조각상으로 변해버렸습니다. 저는 그분의 종자인 산초 판사입니다. 그리고 저분은 슬픈 몰골의 기사라는 이름으로 더 알려진 모험하는 기사 돈키호테 데 라만차이십니다.
>
> 돈키호테도 산초 곁에 무릎을 꿇고서 두 눈을 크게 뜬 채 산초가 여왕으로 대접하는 여자를 바라보고 있었다. 그의 눈에 보이는 건 얼굴이 부은 듯하고 코가 납작한 볼품없는 시골 아낙이어서, 그는 입술도 달싹이지 못한 채 아연한 표정이었다. (2편 10장)

시골 아낙들은 조롱당하는 줄 알고 화가 나서 가던 길을 계속 간다. 산초는 주인에게 자신이 본 사람이 분명히 둘시네아라고 단언한다.

분별 있는 사람이라면 하인의 증언을 인정하지 않고 제 눈을 믿을 것이다. 돈키호테는 그러는 대신 자신이 또다시 마법에 걸렸다고 생각한다.

- 어떠냐, 산초야? 저 마법사들이 내게 어떤 증오를 품고 있는지, 그들의 악의와 원한이 어디까지 뻗치고 있는지 알겠느냐. 저들은 나의 여인을 원래 모습 그대로 보는 행복을 내게서 빼앗으려 한 거야. (…) 산초야, 저 배신자들이 나의 여인 둘시네아의 모습을 바꾸는 데 그치지 않고, 추하고 천박한 시골 아낙의 모습으로 둔갑시켰다는 사실에도 주목하거라. 게다가 꽃과 용연향에 둘러싸여 지내는 귀부인 모두의 특권인 좋은 향기마저 박탈했더구나. 고백하건대 말이다, 내가 둘시네아에게 다가갔을 때 생마늘 냄새가 어찌나 고약하게 풍기던지 속이 울렁거렸어.

- 오, 악당들! 산초가 외쳤다. 사악하고 치명적인 마법사들 같으니! 네놈들을 모조리 정어리처럼 꼬챙이로 아가리를 꿰고

싶구나! 네놈들은 많은 걸 알고, 많은 걸 할 수 있고, 게다가 못된 짓을 너무도 많이 하지! 귀부인의 진주 같은 눈을 도토리로, 순금 같은 그분의 머리카락을 소의 붉은 꼬리털로 바꿔 놓고, 아름다운 미모를 온통 추하게 만든 것도 부족해서 그분의 냄새까지 손을 댔단 말이냐? (2편 10장)

산초에겐 뻔뻔함이 부족하지 않아서 '기발한'이라는 수식어가 주인보다 더 잘 어울린다. 그는 문제를 해결하기 위해 현실은 겉모습과 전혀 다르다고 믿는 돈키호테의 성향을 파렴치하게 이용한다.

요즘 같으면 인간이 달에 착륙한 적 없다거나, 백신이 사람을 죽인다거나, 지구가 평평하다고 주장하는 산초 판사가 얼마나 많을까? 그리고 그 말에 귀 기울이는 돈키호테는 또 얼마나 될까? 현실 부정은 강력한 지배 도구다. 우리는 우리 눈에 보이는 것보다 보고 싶어 하는 것으로 세상을 파악하고, 우리가 현실이라고 여기는 것은 이미 우리 스스로 만들거나 다른 사람들이 우리 안에 만들어 놓은 해석이기 때문이다.

세르반테스의 소설이 가진 가장 오래 지속될 강력한

힘은 더없이 심오한 철학적 명제들을 희극과 농담의 방식으로 놀이하듯이 탐구하는 이 능력 안에 있다.

30

광기가 지혜가 되는 지점

돈키호테는 사라고사를 향해 가던 길에 깃발로 장식된 짐수레 한 대가 오는 걸 본다. 그는 다급히 산초를 부른다. 하필 그때 양치기들에게서 묽은 치즈를 사고 있던 종자는 그것을 되는 대로 투구 속에 집어넣고는 주인을 향해 달려가는데, 주인은 종자의 손에서 투구를 빼앗아 산초가 투구 속 내용물을 뺄 새도 없이 머리에 얹는다.

유청이 즉시 기사의 얼굴과 수염 위로 마구 흘러내린다.

- 나의 귀부인 둘시네아 델 토보소의 목숨을 걸고 맹세하건데, 네놈이 투구에 치즈를 넣었구나. 이 배신자, 망나니, 못된 종자 놈아!

산초는 태연하게 대답했다.

– 그게 치즈라면 저한테 주십시오. 제가 먹어 치우겠습니다. 아니면 악마가 먹을 겁니다. 거기에 그걸 넣을 수 있는 건 악마밖에 없으니까요. 나리, 나리의 투구를 더럽힐 그런 배짱이 저한테 있겠습니까? 나리께서는 어떻게 그런 생각을 하셨답니까! 맙소사, 저를 쫓아다니는 마법사들도 있다고 믿게 됩니다. 마법사가 더러운 걸 거기 집어넣어서 나리께서 나리의 수족인 저한테 화를 내시고 또다시 제 갈비뼈를 작살내고 싶게 만든 모양입니다. (…)

– 뭔들 못하겠냐, 돈키호테가 말했다. (2편 17장)

"뭔들 못하겠냐". 이 말은 기사가 산초의 말을 완전히 믿는 건 아니라는 뜻이다. 마법사는 좋은 구실이 되지만, 아무리 돈키호테라도 맹신에 한계는 있다.

깃발 달린 짐수레엔 왕에게 바칠 사자 두 마리가 실려 있다. 돈키호테는 용기를 보이려고 우리 하나를 열라고 명령한다. 산초는 주인의 죽음을 예상하고 앞질러 우는데, 돈키호테는 열린 우리 앞에 버티고 선다. 그런데 무심한 사자는 하품만 하더니 돌아눕는다. 논쟁

할 여지 없이 돈키호테는 승리를 거두고, 우리 문은 다시 닫힌다.

그 광경을 지켜보다가 깜짝 놀란 한 신사에게 기사는 선언한다.

> 미란다 씨, 당신이 나를 기인이자 미치광이로 여긴다 해도 나는 놀라지 않을 겁니다. 내 행동을 보면 그렇게 생각하실 만하지요. 그렇지만 제가 보기만큼 미쳤거나 모자란 사람이 아니라는 걸 알아주시기 바랍니다. 사람들은 원형경기장에서 왕이 지켜보는 동안 사나운 황소를 창으로 죽이는 빼어난 기사에게 갈채를 보냅니다. 또한 번쩍이는 갑옷을 입고 귀부인들 앞에서 펄쩍펄쩍 달리며 기마 창시합을 벌이는 기사에게도 갈채를 보냅니다. (…) 그러나 훨씬 더 존경받아 마땅한 건 편력 기사입니다. 편력 기사는 교차로, 황무지, 숲과 산을 떠돌며 더없이 위험한 모험을 찾아다니고, 오직 명예롭고 지속적인 명성을 얻고자 그 모험에서 승리하길 바라지요. 저는 황량한 들판에서 과부들을 돕는 편력 기사가 수도의 거리에서 아가씨들에게 구애하는 우아한 신사보다 훌륭하다고 생각합니다. (…) 그는 어떤 사자 앞에서도 불안해하지 않고, 어떤 괴

물도 겁내지 않습니다. 왜냐하면 사자들과 싸우고, 괴물들에 도전하고, 모두를 무찌르는 것, 그것이 기사의 유일하고 진정한 삶의 목표이기 때문이지요. 그러하기에 운명이 나를 편력 기사의 일원으로 만들었으니, 저는 제 임무로 보이는 일이 생기면 회피할 수가 없습니다. 그래서 너무도 무모한 일인 줄 알면서도 사자들에게 덤벼든 겁니다. 용기가 비겁함과 무모함이라는 극단적인 두 악덕 사이에 놓인 미덕이라는 걸 나도 모르지 않습니다. 그러나 비겁한 사람이 될 정도로 자신을 낮추기보다는 무모하다 싶을 정도로 자신을 높이는 편이 낫지요. (…) 비겁한 자가 용맹함까지 오르는 것보다 무모한 자가 진정한 용기까지 내려가는 편이 훨씬 쉬울 겁니다. (2편 17장)

무모함을 정당화하는 이 놀라운 발언은 아리스토텔레스에게서 영감받은 듯 보이는데, 여기서 돈키호테는 자신의 분별없는 이미지에 대해 우리가 생각하는 것보다 훨씬 잘 알고 있고, 세상의 광기를 예로 들며 그것이 보편적 웃음의 궁극적 이유라고 본다. 기사는 이렇게 털어놓는 것이다. 네, 저는 어쩌면 미쳤는지 모릅니다. 하지만 모든 걸 고려해볼 때, 우리가 살고 있는 사회보다는 덜 미쳤습니다. 우리 사회는 헛되고 부질없는 공적을 관습적으로 높이 평가하는데, 제 공적은 불의를 종식하려는 것이니, 정당하고 칭찬할 만한 사명을 띤 것이지요.

한 세기 이전에 에라스무스가 《광기 예찬》에서 내놓은 위대한 교훈이 바로 그랬다. 세상은 미쳤지만, 의식적인 광기가 맹목적인 광기보다 낫다.

퍼시벌[25]과 더불어 중세는 현명한 광인이라는 인물을 이미 높이 샀다. 하지만 퍼시벌의 광기는 그의 어리석음에서 비롯하는 반면, 성배의 기사만큼이나 순수하고 무고한 돈키호테는 위대한 문학이 해결하기를 거부하는 모호성을 간직한 채 지성과 광태라는 두 극단 사이를 오간다. 세르반테스의 직계 후손인 밀란 쿤데라는 썼다. "모든 소설은 독자에게 말한다. '만사는 당신이 생각하는 것보다 훨씬 복잡하다'"《소설의 기술》, 1986)라고.

---

[25] 아서왕 전설에 등장하는 원탁의 기사 중 한 사람.

31

돈키호테가 무대에 뛰어드는 지점

1823년, 스탕달은 다음의 일화를 이야기한다.

> 지난해(1822년 8월), 발티모어 극장에서 경비 근무를 서던 군인이 《오셀로》 비극 5막에서 데스데모나를 죽이려는 오셀로를 보고 외쳤다. "내 앞에서 혐오스러운 흑인이 백인 여자를 죽였다는 말이 나오는 일은 절대 없을 겁니다." 그러면서 군인은 총을 쏘아 오셀로 역을 연기하는 배우의 팔을 부러뜨린다(…). 저런! 그 군인은 착각에 빠져 무대 위에서 벌어지는 일을 사실로 믿은 것이다. (《라신과 셰익스피어》, 1)

어리석고 인종차별주의자인 군인이 초래한 이 사고에 관해 미국 언론에서는 어떤 흔적도 찾을 수 없는데, 다만 대단히 파리풍이며 자유분방한 《공연 연감》[26]에만 세르반테스 소설에 나오는 유명한 에피소드를 미국 사회의 인종차별주의에 맞춰 각색한 이 일화가 실렸다.

그렇지만 돈키호테는 저 군인보다 훨씬 더 어리석은 모습을 보인다. 그는 살아 있는 배우를 공격하는 게 아니라 꼭두각시 인형을 공격하니 말이다. 극적 환상의 메커니즘을 훨씬 멀리까지 밀어붙이는 것이다!

실상은 이러하다. 기사는 어느 객줏집에 도착한다. 그는 이제 객줏집을 성으로 착각하지 않는다. 그가 분별력을 되찾은 걸까? 조금 기다려 보시라. 인형극 공연 단장 페드로 선생이 거기서 "돈 가이페로스가 에스파냐에서 무어인들의 포로가 된 자기 아내 멜리센드라를 풀려나게 한 이야기"를 들려주는 공연을 한다.

모든 게 그럭저럭 순조롭게 흘러가던 중 무어인 기병대가 트럼펫을 울리고 북을 치면서 멜리센드라와 돈 가이페로스를 추격하며 무대에 등장한다.

돈키호테는 그 무어인 무리를 보고 온갖 소란을 듣던 중, 도

---

26 《Almanach des spectacles》, K.Y.Z., 파리, 자네, 1823, 8~9p.

망가는 두 연인을 도와주는 것이 당연한 의무라는 생각이 들어 벌떡 일어나 외쳤다.

– 내가 살아 있는 한 내 면전에서 돈 가이페로스처럼 유명한 기사를, 이토록 용감한 연인을 모욕하는 일은 용서하지 않겠다. 망나니 같으니, 멈춰라! 저들을 추적하는 일을 그만두든지 전투를 준비하라!

그는 칼을 뽑아 들더니 단숨에 무대 위로 올라가 전례 없이 난폭하게 분노를 표출하며 무어인 인형들에게 칼을 마구 휘둘러 어떤 건 망가뜨리고, 또 어떤 건 목을 베어버렸으며, 이건 불구로 만들고, 저건 박살을 냈다.(2편 26장)

이 끔찍한 살육은 작곡가 마누엘 데 파야에게 《페드로 선생의 인형극》(1922)이라는 작은 오페라를 작곡할 영감을 불어넣었다.

돈키호테는 결국 자신의 실수를 인정하고 꼭두각시를 부리는 자에게 후하게 보상을 하는데, 이자는 1편에서 기사가 자유롭게 풀어준 갤리선 죄수 중 한 사람이다(112~115쪽 참조). 기사가 아무리 예측불허의 인물이라도, 항상 그런 건 아니지만, 허구와 공연의 제약을 받기도 한다. 100쪽 앞에서 그는 길에서 무용극의 등장인물로 분장한 배우 무리를 만났다. 죽음, 악마, 황제, 군인의 모습들이었다. 그가 늘 하듯이 그들을 공격할까? 전혀 그렇지 않다. 돈키호테는 배우들에게 이런 말을 한다.

> 그 짐수레를 보자마자 사실 나는 이미 어떤 큰 모험 속에 뛰어드는 상상을 했습니다. 지금은 사실을 깨우치려면 외관을 손으로 만져봐야 한다는 걸 인정합니다. 좋은 분들이여, 평안하시오. 그리고 제가 뭘 도울 수 있는지 말해주시오. 기꺼이 실행에 옮길 테니. 어려서부터 저는 무대를 아주 좋아했고, 젊어서는 극단에 대한 열정을 품기도 했지요. (2편 11장)

겉모습을 통해 환멸에 이르는 것, 이것이 기발한 이 달고가 주는 교훈이다. 세르반테스의 시대에 널리 통용되던 바로크식 개념에 따라, 세상은 우리가 극작가의 의지에 따라 무대에 들어서고 나가는 배우들일 뿐인 극장이고, 세르반테스와 동포인 칼데론의 표현을 빌자면 삶 자체가 하나의 꿈이라면, 연극적 환상의 메커니즘이야말로 현실의 가장 깊은 원동력을 드러내지 않겠나?

32

돈키호테가 프랑수아 피뇽이라는
이름을 만나는 지점

사라고사를 향해 가던 돈키호테는 푸른 초원에 이르는데, 더없이 알록달록하게 화려한 공연이 펼쳐지고 있다.

> 매 사냥꾼들 틈에서 녹색 마구에 은빛 여성용 안장을 얹은 작고 새하얀 말을 탄 아름다운 부인이 보였다. 부인도 녹색 옷을 입었는데, 얼마나 화려하고 세련되었는지 기품 그 자체처럼 보였다. 부인은 왼손에 매 한 마리를 들고 있었다. 그걸 보고 돈키호테는 그 부인이 지체 높은 귀부인이며 그 모든 사냥꾼의 여주인일 것이라고 결론지었고, 실제로도 그랬다.(2편 30장)

그야말로 돈키호테가 읽는 기사소설에서 튀어나온 듯한 인물이다. 산초 판사가 즉각 귀부인 곁으로 가서 주인을 소개하는데, 놀랍게도 그녀는 이렇게 대답한다.

- 땅에서 일어나세요. 우리가 그토록 자주 들어온 슬픈 몰골의 기사만큼 저명한 인물의 종자 되시는 분이 그렇게 무릎을 꿇고 계시다니요. 어서 일어나세요. 그리고 당신의 주인께 전하세요. 여기서 가까운 저희 별장에 기사님을 모실 수 있다면 제 남편인 공작과 제가 무척 기쁠 거라고요. (…) 말씀해 보세요 (…) 당신의 주인은 "기발한 이달고 돈키호테 데 라만차"라는 이야기의 주인공이 아니신가요? 그리고 그분 마음의 여인이 둘시네야 델 토보소이지요?

- 그렇습니다, 부인. 산초가 대답했다. 그리고 그 이야기에 가담하는, 아니 당연히 가담하는 종자는 이름이 산초 판사인데, 바로 접니다. 탄생 과정에서, 다시 말해 인쇄소에서 잘못되지만 않았다면 말이지요.

- 제가 얼마나 기쁜지 보이시죠. 가서 주인께 전하세요. 제 땅에 오신 걸 환영하며 그분을 맞이하게 되어 제가 정말 기뻐하더라고요. (2편 30장)

풍차를 거인으로, 시골 아낙을 공주로 여겼던 돈키호테가 이번에는 이렇게 진짜 공작부인을 만난다. 그는 처음부터 꾸었던 꿈속으로 눈뜬 채 들어선다.

이 기적을 어떻게 설명할까? 문학을 통해 설명할 수 있다. 이야기의 1편이 출간되면서 돈키호테가 유명해졌고, 그 덕분에 그는 자신이 주장하던 대로 편력 기사로 인정받게 된다.

책과 이야기의 힘을 통해 겸손한 이달고 알론소 키하노는 저명한 돈키호테로 변신한다. 3세기 후, 마르셀 프루스트가 어린 시절 방학을 보내곤 했던 마을 일리에 외르에루아르가 공식적으로 프루스트가 《잃어버린 시간을 찾아서》에서 부여한 명예로운 이름인 일리에-콩브레가 된 것처럼 말이다. 문학의 마법이 현실을 바꿀 수 있는 것이다!

돈키호테는 공작의 성에서 호사스러운 대접을 받는다. 사람들이 그를 환호하고, 그에게 진홍색 외투를 입히고, "병에 담긴 향기로운 물"을 들이붓는다.

> 그가 평생 처음으로 상상이 아니라 진짜 편력 기사가 되었다고 생각하고 믿게 된 날이었다. 책에서 읽은 것처럼 자신이 과거의 기사들처럼 대접받고 있었기 때문이다. (2편 31장)

돈키호테가 자신의 망상에 완전히 빠진 건 아님을 확인해주는 중요한 문장이다. 그는 자신의 광기에 동조했을 뿐이다. 그런데 여기서 현실과 허구를 가르는 취약한 장벽을 허무는 건 세상의 악의다. 꿈이 실현되는데, 처음으로 돈키호테와 상관 없이 이루어진다.

성에서의 체류는 안타깝게도 그리 매혹적이지 않다. 공작과 공작부인은 사실 기사와 종자를 조롱하고, 그들의 고지식함을 갖고 놀려는 것이다. 잔인하고도 재미난 놀이다. 돈키호테는 바보들의 만찬에 초대받은 것이다.

그렇지만 프랑수아 피뇽[27]처럼, 곧 보겠지만 돈키호테와 산초는 우리가 생각하는 것보다 훨씬 명민한 모습을 보일 것이다.

---

27 프랑시스 베베르의 극작품이자 영화인 《바보들의 만찬》의 등장인물.

33

바보들의 만찬이 철학으로 변하는 지점

공작과 공작부인이 놀리려고 작정하고 손님으로 성대하게 맞이한 돈키호테와 산초 판사에게로 돌아가보자. 이 손님들은 집주인들의 숨은 의도를 전혀 알지 못한 채 오히려 자신들이 극진히 대접받는다고 착각했다. 편력 기사의 영광스러운 시간이 마침내 도래한 것처럼 보인다!

물론, 기이한 일이 벌어진다. 이를테면, 식사가 한창일 때 하인 네 명이 물병과 수건을 가져와서는 기사의 턱수염을 씻겠다는데, 기사는 맡기지 않을 도리가 없다. 다행히도 공작이 똑같은 대접을 받겠다고 나서면서 기사의 명예를 지켜준다. 종자는 운 나쁘게도, 하인들이 설거지물로 그의 수염을 씻어주려 한다. 가련한 산초를 불쌍히 여긴 공작부인 덕에 산초는 *최후의 순*

간에 그 굴욕을 모면한다.

어쨌든 두 미치광이가 보기보다 덜 미쳤다는 게 점차 드러난다. 돈키호테 이야기를 읽으며 그런 터무니없는 것들에 즐거워하는 공작을 너무도 자주 본 그 집의 성직자가 돈키호테를 모욕하자, 기사는 놀랍도록 품위 있게 대답한다.

> 나는 기사이고, 하느님께서 허락하신다면 기사로 죽을 겁니다. 야망과 교만의 넓은 길을 선택하는 사람이 있고, 노예처럼 아첨의 길을 선택하는 사람이 있고, 또 기만적인 위선의 길을 택하는 사람도 있으며, 또 어떤 이들은 참된 종교의 길을 택합니다. 나는 내 운명이 인도하는 대로 돈은 업신여기고 명예를 좇는 편력 기사의 좁은 길로 모험에 나섭니다. 나는 모욕은 갚았고, 잘못을 바로잡았으며, 무례한 자들은 벌했고, 거인들을 무찔렀으며, 괴물들을 쓰러뜨렸습니다. 내가 사랑에 빠진 건 편력 기사라면 그러지 않을 수 없기 때문입니다. 하지만 나는 정신적이고 금욕적인 연인으로 남습니다. 내겐 모두에게 선을 행하고 누구도 해치지 않겠다는 목표밖에 없습니다. 이런 식으로 생각하고 이런 식으로 행동하는 사람을

바보로 취급하는 게 마땅한지는 공작 나리 내외께서 판단하실 일입니다.(2편 32장)

윤리와 의도가 흠잡을 데 없다면 나머지는 그다지 중요하지 않고, 아무것도 우스꽝스러울 수 없다고, 기사는 말한다.

공작 부부는 무엇보다 둘시네아라는 주제로 돈키호테를 함정에 빠뜨리고 싶어 하는데, 돈키호테는 그들의 손아귀에서 우아하게 빠져나온다. 돈키호테가 순수한 예의로 공작부인을 "미의 여왕이자 예의범절의 공주"라고 부르자, 공작이 이내 말한다. "목소리를 낮추시오, 돈키호테 데 라만차 기사님(…), 둘시네아 델 토보소 부인이 군림하는 곳에서 다른 여인의 아름다움을 찬양하는 건 옳지 않은 일이잖습니까"(2편 30장).

대단히 민감한 문제였지만 돈키호테는 예민한 반응을 보이지 않는다. 공작부인이 다시 공격에 나선다.

- "최근에 출간되어 성공을 거두면서 모두가 아는 돈키호테 기사 이야기를 믿자면, 나리는 둘시네아 공주를 한 번도 보지

못하신 것 같더군요. 그 부인은 존재하지 않으니까요. 그분은 기사님의 상상이 온갖 우아하고 완벽한 모습으로 만들어낸 인물일 뿐이니까요."
– "그 점에 관해서는 할 말이 많습니다". 돈키호테가 대답했다. "이 세상에 둘시네아가 있는지 없는지, 그분이 상상의 인물인지 아닌지는 오직 하느님만이 아시죠. 이런 문제는 지나치게 깊이 파고들어서는 안 되지요. 나의 귀부인을 나는 창조하지도 잉태하지도 않았습니다. 그분이 세상 모든 여자 사이에서도 찬양받을 만한 모든 요소를 갖췄다고는 생각합니다만." (2편 32장)

돈키호테가 자기 여인의 명예를 옹호하기 위해 보인 그 모든 열의를 떠올려 본다면 참으로 놀라운 고백이다. 그러니까, 둘시네아가 존재하는지 아닌지가 "너무 깊이 파고들지 말아야 할 문제"라고? 기사는 말한다. 중요한 건 이상을 품고, 그에 충실하면 되는 것이라고.

이 소설의 많은 세부 요소가 이끄는 대로 종교적 차원으로 바꿔볼 때, 이는 이렇게 읽힐 수 있다. 하느님이 존재하는지 아닌지는 확인 불가능한 문제다. 중요한 건 그저 믿고 존재하는 것처럼 행하면 되는 것이다. 이는 몽테뉴가 30년 전 《에세》에서 옹호한 불가지론적이고 회의론적인 믿음에 가까운 입장이다.

신화는 삶에 꼭 필요하다고 폴 발레리는 썼다.

> 존재하지 않는 것의 도움이 없다면 우리는 뭐가 될까? 아무것도 아닌 존재일 것이다. 우화, 착각, 추상, 믿음, 괴물, 가정, 형이상학의 문제들이 대상 없는 이미지와 존재들로 우리의 심연과 타고난 어둠을 채우지 않는다면, 우리의 정신은 하릴없이 활기를 잃을 것이다.
> 신화는 우리 행동과 우리 사랑의 영혼들이다. 우리는 오직 환영을 향해 나아감으로써만 활동할 수 있다. 우리는 우리가 창조하는 것만 사랑할 수 있다. (《신화에 관한 짧은 편지》, 1928년)

돈키호테의 말도 다르지 않다. 공작부인에게 말하는 인물은 미치광이가 아니라 자유로운 철학자다. 그는 믿음과 관습의 요구를 이성의 요구와 조화시키려 애쓰는 것이다.

위대한 비평가들은 이미 그걸 알아보았다. 세르반테

스는 우리가 생각하는 것보다 훨씬 대담한 휴머니즘을 익살과 농담 아래 감추고 있다. 그는 무슬림, 유대인, 기독교인, 배교자 들이 어깨를 맞대고 살던 알제에서 5년간 포로로 지내면서 다양한 전통, 종교, 믿음을 경험했다. 그런 경험이 생각에 영향을 미치지 않을 순 없다. 그리스도, 알라, 성모 마리아 혹은 둘시네아, 무얼 숭배하고 어떤 신을 숭배하든 상관없다. 중요한 건 그들이 요구하는 도덕적 처신이다. 《돈키호테》와 그 주인공이 던지는 가장 전복적이고 가장 해방적인 메시지 중 하나가 바로 그것이다.

결국, 바보들의 만찬은 의도한 대로 흘러가지 않는데, 그건—적어도 프랑시스 베베르와 프랑수아 피뇽 이후로 우리가 알듯이—으레 그런 것이다.

34
독자 스스로 두 주인공의 제물임을 깨닫는 지점

세르반테스의 비범한 점은 텍스트가 진행될수록 점점 더 우리를 놀라게 한다는 데 있다. 그리고 두 주인공의 심리가 현기증 날 정도로 깊어지는 것을 보고 아마 작가 자신도 놀랐을 것이다. 《돈키호테》가 우리의 마음에 와닿는 건, 다른 소설들에서는 보기 드물게 시간이 유기적 역할을 하기 때문이다. 이야기되는 모험과 줄거리가 지속되는, 기껏해야 몇 달을 넘지 않는 그 시간이 아니라, 반전 가득하고 밀도 높은 천 쪽의 책을 읽는 데 걸리는 시간 말이다. 인물들은 진화하고, 우리는 그들과 더불어 살고, 그들은 우리의 친구가 된다. 인물들은 우리 눈앞에서 변해가듯이, 저자의 눈앞에서도 변해간다. 세르반테스가 두 주인공과 함께 산 세월도 10년이 넘으니, 그것이 모든 걸 바꿔 놓는다.

애초에는 기사 소설을 읽다가 머리가 돌아버린 소박한 이달고의 우스운 이야기였다. 그것은 돈키호테의 첫 가출로, 40쪽가량의 단편 한 편 정도 분량이었다. 그러다 소설가는 그 소재가 흥미롭다고 생각하고는 대담해져서 기사에게 그의 광기에 어울리는 종자를 한 명 붙인다. 그것이 산초 판사를 동반한 돈키호테의 두 번째 가출이다. 이제 두 미치광이는 자유로워졌다. 두 광기가 서로를 북돋운다. 5백 쪽에 걸쳐.

10년이 지나 세르반테스는 돈키호테의 세 번째 가출을 이야기한다. 그런데, 이 속편은 전편의 단순한 반복이 아니다. 작가는 천재적인 재치를 발휘해 두 주인공이 보이는 것만큼 미치지 않았다는 사실을 밝힘으로써 상황을 전복한다. 독자는 돈키호테가 광기의 수동적인 희생양이 아니라는 사실을 깨닫고 화들짝 놀란다. 사실 그 광기는 그 자신과 사회의 합의에 따라 계획되고 유지된 것이다.

돈키호테가 몬테시노스 동굴을 탐험할 때가 그렇다. 산초가 동굴로 내려가는 돈키호테의 밧줄을 잡아주고는 한 시간 뒤에 다시 끌어 올려준다. 밖으로 나온 돈키호테는 잠에서 깬 척하더니 자신이 본 것을 이야기한다. 자신이 환상적인 수정궁에 어떻게 들어가서 전설의 인물들을 만났으며, 그 마법의 세상에서 사흘을 어떻게 보냈는지 들려준다.

처음에는 회의적이었던 산초도 결국 모든 걸 믿을 뻔했다. 돈키호테가 자신도 둘시네아가 소박한 시골 아낙으로 변한 걸 보았다고 말하지만 않았더라면. 그런데 우리가 기억하듯이, 주인을 속이려고 그 변신 이야기를 꾸며낸 건 바로 산초다.

> 돈키호테가 하는 말을 듣고서 산초는 머리가 돌아버리거나 웃다가 죽을 것만 같았다. 둘시네아가 마법에 걸렸다는 이야기의 진실을 그가 알다시피, 마법을 부린 사람도 그였고, 또한 그 마법을 믿게 할 수 있는 유일한 증인도 바로 그였기 때문이다. 그렇게 그는 돈키호테가 정말 미친 사람이라는 걸 입증하는 확실한 증거를 갖게 되었다. (2편 23장)

이제 산초에게는 모든 게 명명백백하다. 주인이 보는 환상은 결코 경이롭지 않고, 정신적 혼란과 당혹스러운 천진함에서 비롯한 것이다. 돈키호테가 아주 간교하게도 토보소의 그 유명한 모험담을 일부러 꾸며내는 게 아니라면 말이다. 그는 산초가 둘시네아의 변신에 관해 설득할 때는 지독히도 순진하게 믿더니, 종자가 지어낸 이야기를 종자에게 믿게 하려고 나설 때는 때로 거짓말쟁이에 허언증 징후마저 보인다.

또한 이야기의 허구적 저자인 시디 아흐메드 베넹헬리도 몬테시노스 동굴 속에서 기사가 본 것들의 진실성을 의심하지 않는가.

사람들이 말하기를 (…) 돈키호테가 삶에서 죽음으로 건너가는 순간에 자기 말을 철회하고 이 모험을 지어냈음을 인정했다고 하지요. 그 모험이 자신이 소설들에서 읽은 모험과 경이롭도록 일치하는 것 같기 때문이라고요. (2편 24장)

산초도 그에 뒤지지 않는다. 성에서 공작과 공작부인은 소위 하늘을 나는 여행을 준비한다. 기사와 종자는 목마를 타고 눈가리개를 한 채 우주를 가로질러 가장 높은 영역까지 오르는 줄 안다. 그러는 동안 풀무와

폭죽이 바람과 번개를 흉내 낸다. 꼭 놀이공원의 놀이기구 같다!

여행이 사실이라고 굳게 믿는 두 주인공의 눈가리개가 마침내 벗겨진다. 그런데 산초는 여행 도중에 손수건을 살짝 벗고 봤더니 지구가 아주 작게 보였다고 말한다. 그만큼 그는 높이 날았으며, 그러다가 말에서 내려 새끼 염소로 변한 별들과 함께 놀았다고 한다!

그러자 공작과 공작부인은 그 명백한 날조에 재밌어하는데, 돈키호테는 종자에게 다가가 그의 귀에 대고 말한다. "산초야, 네가 하늘에서 본 것을 내게 믿으라면, 내가 몬테시노스 동굴에서 본 것을 너도 믿어야지. 더는 말하지 않으마"(2편 41장).

그야말로 주거니 받거니다. 내 거짓말을 믿어라, 그럼 나도 네 거짓말을 믿으마. 그러니 독자는 더는 어느 장단에 맞춰 춤을 춰야 할지 알 수가 없고 난감한 의문을 품게 된다. 지금까지 이 모든 게 천재적인 두 위선자의 속임수였단 말인가? 두 공범은 사회와 소설이 그들에게 부여한 역할에 최선을 다한 걸까.

그런데 미치광이를 흉내 내는 것도 여전히 광기인

가? 이제 독자는 돈키호테가 겪었던 것과 같은 증후군에 시달리게 된다. 진실과 거짓의 경계가 지워져서, 더는 기호들을 해석하지 못하는 것이다.

  허구는 지독히도 전염성이 강하다.

35

《돈키호테》가 생존 교본이 되는 지점

공작과 공작부인이 내건 수많은 함정 가운데 가장 눈길을 끄는 건, 한밤중에 마법사 메를린이 횃불을 든 열여덟 명의 회개자들을 동반하고 흰색 마의를 걸친 여섯 마리 노새가 끄는 수레에 오른 모습으로 엄숙하게 나타난 것이다. 마법사는 잘 다듬은 시구^{詩句}로 돈키호테에게 시골 아낙으로 둔갑시킨 끔찍한 마법에서 둘시네아를 해방하라면서 하나뿐인 구제책을 일러준다. 산초 판사가 엉덩이에 채찍질 3천3백 대를 맞아야 한다는 것이다. 정당한 귀결이다. 이 거짓 마법의 유일한 책임자가 종자라는 걸 우리가 아니 말이다. 하지만 돈키호테는 판사가 지어냈으리라고는 조금도 의심하지 않는다. 이런 고행과 참회는 황금기의 대단히 가톨릭 국가였던 에스파냐에서 유행이었다.

당연히 산초는 동의하지 않는다.

세상에! (…) 3천3백 대라뇨! 세 대도 못 맞습니다! 칼에 세 번 찔리는 것 같을 텐데요! 마법에서 풀려나는 그따위 방법은 악마에게나 주라지요! 마법과 제 엉덩이가 무슨 상관이랍니까! 메를린 마법사가 둘시네아 델 토보소 부인의 마법을 풀 다른 방법을 찾지 못한다면, 부인은 마법에 걸린 채로 무덤에 가셔야지요! (…) 제가 둘시네아 부인을 낳기라도 했단 말입니까? 그분의 아름다운 눈이 저지른 죄의 대가를 왜 제 엉덩이가 치러야 한다는 겁니까? 제 나리는 말끝마다 그분이 자신의 일부라고 하시고 "나의 생명, 나의 영혼, 나의 희망, 나의 지주"라고 부르시니, 그분의 마법을 풀기 위해서라면 나리께서 뭐든 하시고 스스로를 채찍질하셔야 마땅하겠지요. 그런데 저더러 기꺼이 저를 채찍질하라고요…? (2편 35장)

종자의 거부에 직면한 돈키호테는 화를 낸다. 공작과 공작부인은 고집하며 협박까지 한다. 얇은 베일을 뒤집어쓴 자칭 둘시네아까지 와서 "남자처럼 호방하고 전혀 여성스럽지 않은 목소리로" 설득하자, 결국 산초는 조건을 내걸며 매질을 받아들인다.

> 저만 빼고 모두 같은 의견이시니, 3천3백 대 채찍질을 제가 스스로에게 하도록 하겠습니다. 다만 마감일을 정하지 않고 제가 원할 때 한다는 조건으로요. 가능한 한 빨리 셈을 채우도록 애쓰겠습니다. 온 우주가 둘시네아 델 토보소 부인의 아름다움을 누릴 수 있도록 말이지요. 그분은 제가 생각했던 것과는 반대로 정말 아름다우시니까요. 그리고 한 가지 조건을 더 걸겠습니다. 피가 날 때까지 채찍질을 할 필요는 없고, 때로 먼지를 터는 정도가 되더라도 그 매질도 다른 매질과 마찬가지로 셈에 넣어야 한다는 겁니다. 혹시 제가 잘못 세더라도 모든 걸 아시는 마법사 메를린 나리가 말아서 헤아리시고, 제가 매질을 너무 많이 하는지 아니면 충분히 하지 않는지 알려주셔야 합니다. (2편 35장)

조건들은 이내 받아들여졌고, 그렇게 소설 끝까지 이어질 일련의 반복적인 개그가 시작된다. 때때로 돈키호테는 종자에게 약속한 매질을 스스로 하라고 애원하거나, 강제로 매질하려고 한밤중에 꼭 강간이라도 하려는 것처럼 종자의 바지 끈을 풀기까지 한다(2편 60장). 하지만 산초는 가만히 당하고 있지 않고 매번 처벌을 피하거나 누그러뜨리기 위한 새로운 전략을 짜내어 독자를 아주 즐겁게 해준다.

이 사건에서 가장 재미난 건, 자기 거짓말의 함정에 빠진 종자가 그 모든 희극의 무용성을 누구보다 잘 알지만—왜냐하면 둘시네아가 존재하지 않으므로—한 번도 감히 주인에게 진실을 밝히지 않는다는 점이다.

산초의 창의성이 정점에 달하는 건, 그가 한 대 맞을 때마다 돈을 주겠다는 약속에 따라 호되게 자신을 후려치는 것 같은데 실은 나무에 매질하면서 고통의 비명을 내지를 때다. 순진한 돈키호테가 전혀 알아채지 못하고 제 하인이 죽을까 봐 겁내어 형벌을 끝내려고 황급히 달려오는데 매질을 안 할 이유가 어디 있겠나(2편 71장)?

이 매질 장면이 반복될 때마다 주인의 고집과 하인의 저항, 주인의 순진함과 하인의 교활함이 충돌하면서 어김없이 웃음이 터져 나온다.

그런데 산초 판사가 그를 노예로 삼아 마음대로 부리려는 여러 권력의 출현에 맞서 문자 그대로 제 거죽을 구하고, 제 몸을 혹은 제 목숨을 지키려고 펼치는 교활한 간계와 노력에 어찌 감탄하지 않을 수 있겠나? 산초는 분에 넘치는 대접을 요구하지는 않지만, 그럼에도 인간으로서의 존엄성은 지키려 하고, 그를 놀리고 그의 인격이나 감정에는 아랑곳하지 않고 단순한 물건처럼 취급하는 강자들을 위해 제 목숨을 위험에 빠뜨릴 생각이 추호도 없다.

모든 수단을 동원해 제 목숨을 구하고, 끊임없는 역경을 이겨내고 계속 살아갈 것.《돈키호테》는 위태로운 시기에, 운명이 당신을 악착스레 추격해올 때 생존의 교본처럼 읽힐 수도 있다.

이 글이 5년 동안 감옥에 갇혀 노예의 처지로 전락했고, 30년 넘게 왼손을 쓰지 못하는 불구의 인물이 쓴 것이라는 사실을 떠올리면 조금도 놀랍지 않다. 그는 문학이라는 직업에서 살아가고 살아남을 이유를 찾길 바랐다. 세르반테스의 소설을 읽을 때 우리는 고갈되지 않는 에너지의 폭발에 놀라게 되는데, 그것은 의심할 여지 없이 작가가 고된 삶의 온갖 시련에서 벗어나기 위해 스스로 끌어내야 했던 에너지에 상응하는 것이다. 레판토 전투의 외팔이 작가는 자신의 모든 불행에 억누를 길 없는 웃음과 유쾌함을 맞세운다. 그의 작품들은, 특히 《돈키호테》는 그에 대한 부인할 수 없는 증언을 담고 있다.

1616년 4월 말, 당뇨병과 아마도 신부전으로 사망하기 며칠 전, 세르반테스는 마지막 힘을 짜내어 자신의 마지막 소설 《페르실레스와 시히스문다의 모험》의 유쾌한 서문을 다시 쓰며 삶에 대한 흔들림 없는 믿음을 담아냈다. "어제 나는 종부성사를 받았고, 오늘 이 글을 씁니다. 시간은 짧고, 불안은 커지고, 희망은 줄어들지만, 그럼에도 나는 살려는 욕망으로 삶을 지탱하고 있습니다. 《소설전집》 2권, 플레이아드 총서)

그는 다가오는 일요일에 자신이 죽으리라고 예고하면서 이런 말로 마무리 지었다.

끊어진 끈을 이으면서, 지금 내게 떠오르지는 않지만, 내가 말했어야 했다고 생각한 말을 할 날이 어쩌면 올 테지요. 재치 넘치는 말들이여, 안녕. 농담도 안녕. 나의 유쾌한 친구들도 안녕. 이제 나는 죽습니다. 다른 세상에서 곧 그대들을 다

시 만날 바람을 품고 떠납니다. 《소설전집》 2권)

    실제로 세르반테스는 예상보다 이틀 앞서 4월 22일 금요일에 사망했다. 이 죽음은 그의 작별의 기품과, 그가 우리에게 전하는 삶과 용기에 대한 감탄스러운 교훈을 전혀 해치지 않으며, 오히려 그 반대다. 산초 판사 역시 그 교훈을 저만의 방식으로 전하는 메신저다.

36

산초가 권력을 쥐는 지점

《돈키호테》는 정치적 책일까? 명백히 그렇다. 왜냐하면 이상과 유토피아의 필요성뿐만 아니라 그 위험에 관한 책이기 때문이다. 이 책에서는 기사가 다른 어떤 고려 사항보다 자신에게 맡겨진 의무를 앞세우므로, 도덕이 정치를 대신한다. 중요한 건 불의에 맞서 싸우는 것이다. 그것이 어떤 불의든. 기사의 윤리는 훌륭한 통치와 만난다. 플라톤이 이미 정의를 모든 정치의 원리로 삼지 않았나?

이 소설의 또 다른 정치적 교훈은 바로 실패다. 19세기 라틴 아메리카의 유명한 해방자인 시몬 볼리바르는 임종 직전에 체념하며 이렇게 시인했다. "역사상 가장 큰 바보 셋은 예수 그리스도, 돈키호테, 그리고 나다."

고결한 패자 영웅들의 숭고한 3인조에 산초 판사를

더하는 걸 한순간도 머뭇거리지 말아야 한다. 돈키호테가 그에게 약속한—산초는 그렇게 생각하지 않지만 독자는 전적으로 실현 불가능하다고 생각하는 약속이다—섬을, 또는 그에 상응하는 영지를 산초는 결국 얻긴 하는데, 하인을 통치자로 임명함으로써 그의 어리석음을 시험하기로 단단히 작정한 공작의 은총 덕이다.

그렇지만 마법의 말을 타고 하늘로 올랐다고 상상한 이후로 산초는 그런 영광에 더는 끌리지 않는다.

> 제가 하늘에 있는 동안 그 위에서 힐끗 땅으로 눈길을 던져 땅이 얼마나 작은지를 본 뒤로, 통치자가 되고자 했던 간절한 욕망이 제게서 거의 사라졌습니다. 그 겨자씨만 한 땅을 통치하는 게 무슨 대단한 일이겠어요? 개암보다 크지 않은 인간들 여섯 명을 통치하는 일이 무슨 그리 위엄 있고 대단한 일이겠습니까?(2편 42장)

지혜를 보여주는 멋진 예시여서, 공작 자신과 이 땅의 모든 통치자가 영감을 받을 만할 말이다. 최고의 정치인은 권력을 있는 그대로, 다시 말해 아무것도 아닌

것으로 여기는 자다.

이렇게 산초 판사는 통치자가 된다. 그에게 그 자리가 주어졌기 때문이다. 돈키호테는 그에게 겸손과 정직에 대한 조언을 아낌없이 건넨 후 떠나고, 읽을 줄도 쓸 줄도 모르는 이 서민은 그 정신적 노자를 지니고 이상적인 통치자가 되어 지혜와 미덕의 모범을 보여서 모두가 깜짝 놀란다.

우선 그는 사람들이 그에게 붙이려는 대단한 칭호며 명예를 거부한다—그의 주인 돈키호테에게는 없는 겸손이다. 그러다가 공작이 획책한 온갖 시련으로 계속되는 복잡한 재판에 판결을 내리도록 촉구받은 산초는 매번 솔로몬 왕이 내놓을 법한 판결을 내린다.

그럼에도 산초는 이런 탁월한 통치에 대한 보상을 조금도 받지 못한다. 궁에서는 거짓된 구실을 내세워 그에게 먹을 걸 제공하기를 거부한다. 그들은 전쟁이 난 척해서 평화로운 산초는 마지못해 참전하고, 죽도록 얻어맞고, 구타당하고, 박해당한다. 이 모든 일은 가련한 농부를 괴롭히면서 즐거워하는 사악한 공작이 사주한 것이다.

산초는 이런 대접을 받은 지 열흘 만에 사임한다.

여러분, 제가 옛날처럼 자유로운 몸으로 돌아가게 놔주십시오. 현재의 이 죽음에서 되살아나도록 과거의 제 삶을 되찾게 해주십시오. (…) 공작님께 말씀드려 주십시오. 저는 알몸으로 태어났고 지금도 알몸입니다. 저는 잃은 것도 얻은 것도 없습니다. 저는 무일푼으로 이 통치에 들어섰고, 무일푼으로 나갑니다만, 다른 섬의 통치자들은 그렇지 않지요. (2편 53장)

따라서 산초는 다시 종자가 되어 돈키호테 곁으로 돌아가고, 기사는 종자의 정치적 지혜에 감탄한다.

이 일화는 두 가지로 읽을 수 있다. 하나는 보수적인 읽기로, 저마다 제 자리를 지키고, 민중이 민중과 함께하면 모든 게 잘되리라고 읽는 것이고, 다른 읽기는 세상의 불의와 강자들의 배은망덕에 맞서 격분하는 것이다.

그런데 우리가 보기에 산초 판사는 한층 큰 인물이, 진정한 영웅이 되어 돌아온다. 그는 통치자 역할을 하는 동안 정의로운 질서의 승리를 쟁취하게 된다. 마치 세상의 질서를 희화적으로 전복해야만 이 땅에서 정의가 지배할 수 있다고 말하는 듯이.

37

동물들이 가장 주목받는 지점

《돈키호테》에는 동물에 관한 관심이 돋보이는데, 라퐁텐, 콜레트, 그리고 몇몇 작가들의 경우를 제외하고 다른 문학 작품에서는 보기 드문 것이다. 라퐁텐의 경우, 동물은 대개 인류의 우화일 뿐인데, 세르반테스의 작품 속 동물은 말 없고 사려 깊지만, 활기차고 도처에 등장하면서 대체물이나 의인화된 투사로 묘사되기보다는 그 자체로 가치를 지닌다.

《돈키호테》에서 우리는 온갖 종류의 동물을 만난다. 이달고가 적군으로 여기는 양 떼(1편 18장), 기사를 짓밟는 성난 투우 떼(2편 58장), 열 쪽 더 뒤에서 똑같이 그들을 짓밟고 지나는 6백 마리 돼지 떼(2편 68장), 산양치기가 모든 여자에게 복수하듯 욕설을 쏟는 염소(1편 50장), 싸우기보다는 자는 걸 더 좋아하는 사자(2편 17장).

하지만 이 당혹스러운 동물원의 주역은 의심할 여지 없이 돈키호테의 말 로시난테와 산초가 애정을 담아 "잿빛"이라고 부르는 당나귀다. 두 네발짐승은 인간의 우정과 비교해도 전혀 부러울 게 없는 우정으로 이어져 있다.

> 두 짐승은 함께 있게 되면 서로 다가가 몸을 비벼댔다. 그러다 피곤하고 흡족하면 로시난테는 제 목을 당나귀의 목 위로 가로질러 얹었다—로시난테의 목이 반 바라[28] 정도 더 길었다. 그렇게 두 짐승은 움직이지 않고 땅바닥을 바라보며 사흘이라도, 어쨌든 사람들이 가만히 내버려두기만 하면, 배가 고파서 먹이를 찾을 일만 없다면 그대로 있을 수 있었다. (2편 12장)

들에서 당나귀나 말을 한 번이라도 본 사람은 이 애잔한 묘사가 얼마나 정확한지 가늠할 수 있을 것이다. 세르반테스는 동물의 삶에 관해서는 타의 추종을 불허하는 관찰자다.

---

28 1바라는 0.835미터.

늙고 야위고 숨을 헐떡이는 로시난테, 한 마디로 자기 주인의 진정한 분신이라 할 로시난테는 암컷에게는 영 인기가 없다.

> 별안간 로시난테는 암노새들과 놀고 싶은 욕구가 들었다. 녀석은 암노새들의 냄새를 맡자마자 평소의 걸음걸이를 버리고 주인의 허락도 구하지 않고 경쾌한 속보로 제 욕구를 전하러 갔다. 하지만 보아하니 노새들은 그저 풀이나 뜯고 싶은지 녀석을 발길질과 물어뜯기로 맞이했고, 그 바람에 안장띠가 금세 끊어져버려 로시난테는 안장을 잃고 벌거벗은 꼴이 되었다. 설상가상으로 자기 암노새들이 추행당하는 걸 보고서 노새몰이꾼들이 창을 들고 달려와 녀석을 사정없이 두들겨 패서 바닥에 때려눕혀 버렸다. (1편 15장)

돈키호테라고 로시난테보다 더 나을 것도, 더 못할 것도 없었다.

이 동물들이 얼마나 인격, 성격, 감정을 갖췄는지 보면서 우리는 놀란다. 동물들도 그 자체로 등장인물들이다.

산초가 자기 당나귀에 대해 품는 애정은 아마도 이 소설에서 가장 아름다운 사랑 이야기일 것이다. 그는 기회가 날 때마다 제 당나귀를 옹호하고 나서는데, 자기 아내에게 편지를 쓸 때도 당연히 당나귀의 소식을 전한다. "잿빛도 잘 지내고 있고, 당신에 대한 좋은 기억을 떠올리고 있어. 나를 터키 황제로 부른다 해도 이 녀석과 헤어지진 않을 거야"(2편 36장).

산초가 거의 죽을 뻔한 전투 끝에 당나귀와 다시 만나는 장면은 더없이 감동적인 장면 가운데 하나다.

산초는 자기 잿빛에게 다가가 두 팔로 녀석을 얼싸안고는 이마에 평화의 입맞춤을 하더니 눈물을 글썽이며 말했다.
– 드디어 너를 다시 만나는구나, 나의 친구이자 불행의 동반자야! 우리가 함께했을 때 나는 그저 네 마구를 닦고, 네 소박한 식욕을 채워줄 걱정밖에 하지 않았고, 시간과 나날과 해는 평온하게 흘러갔지. 그런데 내가 너를 버리고 야심과 오만의 탑에 오른 뒤로, 내 영혼은 수천 가지 슬픔과 근심, 오만 가지 불안으로 가득하더구나.

이 말을 하면서 산초가 당나귀에 길마를 얹는 동안 누구도 입을 열지 못했다. 길마를 얹고 나서 산초는 숨을 헐떡이며 힘겹게 당나귀에 올랐다. (2편 53장)

그리고 이 소박한 동반자와 함께 산초는 그토록 오랫동안 꿈꿨던 섬을 떠난다. 당나귀는 곧 되찾은 자유이고, 소박하고 꾸밈없는 우정의 삶을 의미한다.

세르반테스가 동물의 존재에 대한 감수성, 그리고 동물을 향한 인간들의 애정에 대한 감수성으로 오늘날까지도 우리를 놀라게 한다는 말 외에 더 무슨 말을 할 수 있을까? 그의 《모범 소설집》 가운데 가장 유명한 단편인 〈개들이 본 세상〉을 읽으면 더욱 그런 확신이 든다. 기적처럼 말을 할 줄 아는 개 두 마리가 나누는 놀랍고 재미난 대화로 이루어진 이 작품에서, 얼핏 듣기에도 비사실적인 상황의 대화에 담긴 더없이 역설적인 '사실성'에 우리는 또다시 아연할 수밖에 없다.

실제로, 곧 확인하게 되겠지만, 세르반테스가 진심 어린 연민을 품지 않는 존재란 거의 없다. 그는 보편적 연민에 관한 소설을 썼다.

38

역사의 비극이 들이닥치는 지점

《돈키호테》를 읽을수록 나는 점점 당황한다. 호방한 웃음이 그득한 엄청난 희극 속으로 들어선 줄 알았는데—한껏 웃었는데—예상치 못한 섬세함이, 미묘함이 드러난다. 지금까지 내가 보지 못했던 숨은 텍스트가 점점 명료하게 드러나는 것 같다. 텍스트 속에 어떤 메시지가 은밀히 새겨진 듯하다. 미국의 소설가 헨리 제임스는 "카펫의 패턴"을 거론하며, 비평가의 임무는 작품 속에서 그 패턴을 해독하는 것이라고 했다.《돈키호테》의 숨겨진 패턴은 무엇일까?

소설 전체에서 무척 도드라지는, 존재들에 쏟는 관심에서부터 시작해볼 수 있겠다. 세르반테스가 눈길을 그들에게로 이끌지 않았더라면, 우리가 일찌감치 외면했을 두 바보, 두 미치광이에게 쏟는 관심 말이다. 물론 우리를 웃게 하려는 관심이지만, 우리는 조금씩 그들에게서 우리와 공통된 무언가를 알아보게 된다. 그들과 우리 사이에서 잊힌 인간성, 아니 그보다는 이상과 희망을 믿고 그것을 위해 살려는 욕구 속 인간성 말이다. 삶의 원칙으로 우뚝 선 선의와 미덕과 관용을.

세르반테스의 에스파냐가 포용적인 사회가 아니었다고 말하는 건 절제된 표현이다. 1492년, 재정복 이후 유대인들은 강제로 추방당하거나 개종을 강요당했다. 1501년부터는 무슬림들의 차례가 도래했다.

하지만 더 최악의 상황은 기독교로 개종한 유대인들과 무슬림들이 받아들여지지 않았다는 점이다. 이들과 이들의 후손은 "새 기독교인"이라고 불렸다. 이들은 경계의 대상이었고, 많은 일자리에서 배제되었다. 산초 판사 같은 다른 기독교인들은 스스로 "오래된 기독교인"임을, 다시 말해 뿌리부터 기독교인임을 자랑했다. 말하자면 그들은 가난한 이들의 귀족이었다. 황금기의 에스파냐는 혈통에 토대를 둔 인종차별적인 사회였다.

돈키호테는 한 번도 그런 생각 속에 발을 들이지 않는다는 점에 주목하자. 물론, 이달고의 귀족 신분이 그의 혈통을 충분히 보장해 줘서 그는 증명해야 할 게 아무것도 없다. 토요일에 베이컨을 먹는 그의 관습이 이미 유대교와 구분 짓는 전통적 방식이긴 하다(1편 1장). 하지만 세르반테스의 다른 유명한 인물인《모범 소설집》의 "유리 학사"처럼, 본질적으로 돈키호테는 그 모든 편견에 조금도 중요성을 부여하지 않고, 심지어 그걸 조롱하기까지 한다. 그는 산초에게 말한다. "네가 오래된 기독교인이 아니더라도 달라질 건 아무것도 없어"(1편 21장).

게다가 그는 자기 종자가 "모욕을 용서"할 줄 모른다며 "나쁜 기독교인"이라고 비난한다(1편 21장). 돈키호테의 눈에 기독교인의 자질은 혈통의 연륜이 아니라 행위로 측정된다. 기사와 나머지 사회 간의 의미심장한 괴리다! 그것은 점점 커질 것이다.

1609년부터, 무어인이라 불렸던 개종 무슬림들과 그 후손 30만 명 정도가 강제추방을 당하면서 유럽 전역에 큰 파문이 일었다.

젖먹이들을 품에 안고 손에는 묵주를 쥔 여자들이 눈물을 쏟고 자신들의 비참한 처지에 절망해서 머리카락을 쥐어뜯으며 예수 그리스도와 성모 마리아를 부르고 도움을 청했지만, 그들은 버림을 당할 수밖에 없었다.[29]

이렇게 리슐리외 추기경은 자신의 《회고록》에서 분노하며 증언한다. 그는 이 추방 결정을 "앞선 모든 세기의 역사가 언급한 가장 대담하고 가장 야만적인 조언"으로 보고, 앙리 4세가 그 가련한 사람들을 "상처 입은 사람들의 안식처로 알려진" 프랑스 왕국에 받아들이기 위해 최선을 다했다는 사실을 자축했다.

세르반테스의 소설에 등장하는 리코테라는 인물을 이런 맥락 속에서 이해해야 한다. 산초는 자신이 통치하던 가짜 섬에서 빠져나오자마자 독일에서 온 순례자 무리에게 온정을 베푸는데, 그들 중 한 사람이 산초를 붙잡고는 자신이 마을의 식료품 장수였던 무어인 리코테라며, 그의 옛 이웃이라고 말한다.

그러더니 리코테는 산초에게 자기 이야기를 들려준

---

29 리슐리외 추기경, 《회고록》, 1편(1610년), 르누아르, 1907, 125~126쪽.

다. 자신이 어떻게 아내와 자식들을 버려둔 채 에스파냐를 떠나 유럽 다른 곳에서 안식처를 마련했으며, 이제 가족을 찾으러 어떻게 돌아왔는지, 무어인들이 왜 아프리카로 돌아가지 못하는지를 얘기한다. 그들이 예전에 믿었던 종교 형제들이 그곳에서 그들을 박해하고 있기 때문이라는 것이다. 그는 고국으로 여기는 에스파냐를 떠나야 했던 자기 동족들의 고통에 대해 이렇게 설명한다.

> 그러니까 나는 우리 마을을 떠나 프랑스로 들어갔네. 그곳 사람들은 우리를 환영해 주었지만, 나는 모든 곳을 살펴보고 나서 결정하고 싶었네. 그래서 이탈리아로 갔고, 다시 독일로 건너갔는데, 그곳에서는 훨씬 자유롭게 살 수 있을 것처럼 보였지. 그곳 주민들은 남의 일에 그리 신경 쓰지 않았거든. 게다가 거기선 저마다 살고 싶은 대로 살았어. 어디서든 양심의 자유를 존중했으니까. (2편 54장)

종교 개혁파와 가톨릭이 공존하는 독일에서 실천되는 이 양심의 자유에 대한 찬사에서, 에스파냐 사회에 대한 은근한 비판을 어떻게 듣지 못하겠나? 마지막 소설 《페르실레스》에서 세르반테스는 개신교 국가인 영국을 호의적으로 묘사하기까지 한다.

리코테의 경우, 그는 일부 무어인들이 몰래 이슬람교를 신봉하고 있다는 구실로 왕이 결정한 추방을 공개적으로는 받아들이는데, 이 명시적 승복은 근본적인 비판을 감추게 해주는 알리바이가 된다.

한 민족의 강제 추방 역사는 안타깝게도 모든 시대에 일어난 일이다. 1934년에 토마스 만은 《돈키호테》의 이 구절을 읽으면서 나치가 유대인들에게 예약한 운명의 모든 특징을 그 안에서 발견했다. 심지어 우리도 멀리 바라볼 것 없이 유사한 비극을 만날 수 있다. 그러나 세르반테스가 이 문제를 독자들의 눈앞에 제시하는 데는 엄청난 연민과 용기가 필요했다.

《돈키호테》의 익살극 아래에는 놀라운 비판적 성찰이 감춰져 있는데, 종교·정치·국가·사회·남녀관계며 그 무엇도 그 비판에서 벗어나지 못한다. 그렇기에 작품 전체에 대한 의미를 파악하려면 그 성찰을 간파하는 것이 중요하다.

39

돈키호테가 제 독자들을 만나는 지점

오늘날, 저자들은 도서전이나 저자 사인회 때 어려움 없이 독자와 접촉한다. 등장인물이 제 독자들을 만나서 그들과 함께 자신이 대상이 된 책의 장점들에 관해 얘기를 나누는 건 흔한 일이 아니다. 메탈렙시스라고 불리는 이 장치는 주인공이 이야기에서 빠져나와 현실로 건너가게 해준다. 그리고 돈키호테는 메탈렙시스의 대가다!

공작의 성을 막 떠난 그는 양치기로 가장한 두 아가씨를 만난다. 두 여자는 역할 놀이를 하며, 친구들과 함께 가상의 아르카디아를, 당시 유행하던 양치기들의 모험과 목가적 전원시에서 영감받은 일종의 시골 낙원을 재창조한다. 한 마디로, 이들은 돈키호테가 기사로서 하는 일을 양치기로서 한다. 즉, 책에서 읽은 것을 현실로 옮겨오는 것이다. 말하자면 이들은 역사상 최초의 코스플레이어이다.

돈키호테는 자기소개를 하고 이름을 밝힌다. 젊은 여자들은 즉각 열광한다.

- 어머, 친구야! 다른 양치기 아가씨가 외쳤다. 이런 행운이 우리에게 닥치다니! 우리 앞에 계신 이 기사님 알아? 이 세상에 존재하는 모든 이들 가운데 가장 용감하고 가장 사랑스럽고 가장 예의바른 분이야. 내가 책에서 읽은 그분의 무용담을 믿자면 그래. 그리고 이분을 따라다니는 그 선량한 남자, 산초 판사라는 이름의 종자보다 재미난 사람은 없어.
- 그건 사실이지요. 산초가 말했다. 말씀하신 그 종자가 바로 접니다. 그리고 이분은 제 주인이신, 책에 등장하는 바로 그 돈키호테 데 라만차이시고요. (2편 58장)

문제의 책은 돈키호테의 모험 1편으로, 실제로 그 성공은 경이로웠다. 돈키호테는 이제 스타가 되었다.

이런 장면은 다음 장에서도 반복된다. 돈키호테는 객줏집에 도착해서 자기 방에서 식사를 한다. 그런데 벽 건너편에서 말하는 소리가 들린다.

> 목소리가 말했다.
> - 돈 헤로니모, 제발 부탁이니, 저녁상이 들어올 때까지《돈키호테 데 라만차》2편의 한 장을 더 읽어봅시다.
> 돈키호테는 자기 이름을 듣자마자 벌떡 일어나 그 사람들이 자신에 대해 뭐라고 하는지 알기 위해 귀를 쫑긋 세웠고, 돈 헤로니모가 대답하는 소리를 들었다.
> - 돈 후안, 그런 터무니없는 이야기를 뭣 때문에 읽으려고 하시오? 돈키호테 이야기 1편을 읽은 사람은 이 2편을 좋아할 수가 없어요. (2편 59장)

그 이유는 두 사람이 이 이야기의 진짜 2편을 읽고 있는 게 아니기 때문이다. 오늘날 우리가 읽고 있는 2편이 아니라 아벨라네다가 써서 1년 전인 1614년에 출간한 가짜 2편을 읽고 있기 때문이다. 돈키호테는 즉각 그들의 얘기에 끼어든다. 그는 아벨라네다의 책을 힐끗 보더니 오류투성이라고 생각한다.

- 저자는 이 이야기의 중요한 점에서 사실과 멀어지고 있소. 이 작자는 내 종자 산초 판사의 아내 이름을 마리 구티에레스라고 하는데, 그이의 이름은 테레사 판사란 말이오. 이렇게 중요한 대목에서 틀리는 자는 책의 나머지 부분에서도 다른 잘못을 여럿 저지르지 않았을까 싶소.
- 감히 우리 이야기를 쓰다니! 산초가 외쳤다. 내 마누라를 마리 쿠티에레스라고 하는 걸 보니 우리에 대해 많은 걸 알고 있나 보군요. 나리, 책을 다시 한번 펴서 제가 그 책에 나오는지, 혹시 제 이름도 바꾸지는 않았는지 봐주세요. (2편 59장)

산초 판사는 제 이름이 제대로 적힌 걸 확인하고 안도한다. 그래도 이런 책을 어떻게 믿겠나?

돈키호테는 사라고사로 갈 계획이었는데, 두 신사는 가짜 2편이 그 도시에서 돈키호테에게 부여한 모험을 "흥미도 없고, 멋도 없는, (…) 다만 바보 짓거리만 가득한 일화"라고 묘사한다.

돈키호테가 선언했다. 그러면 내가 사라고사에는 절대 발을 들여놓지 말아야겠어. 그래야 이 이야기꾼이 거짓말을 하고

있으며, 그자가 말하는 그 돈키호테가 가짜라는 걸 입증하게 될 테니까.(2편 59장)

따라서 돈키호테와 산초는 자신들을 무대에 올린 책이 거짓을 말한 게 되도록 사라고사가 아니라 바르셀로나로 간다. 그런데 이 운명적 결정이 안타깝게도 우리 주인공의 죽음을 앞당기게 된다.

40
돈키호테가 새 소설을 시작하는 지점

돈키호테는 꼭 고양이처럼 목숨이 여러 개라도 되는 것 같다. 그는 두들겨 맞고, 상처 입고, 할큄 당하고, 짓밟히고, 찢기고, 사지를 절단당하고, 능지처참당해도, 결코 완전히 소멸되지 않고, 언제나 새로운 모험을 위해 다시 떠날 준비가 되어 있다. 세르반테스의 작품 속에만도 이미 얼마나 다양한 돈키호테가 있는가!

1편의 돈키호테는 광기로 모두를 놀라게 한다. 그의 친구들은 그의 계획을 가로막고 그를 집으로 데려가려 한다. 하지만 실패한다.

반면에 2편의 돈키호테는 지혜와 깊이로 우리를 놀라게 한다. 그런데 그를 둘러싼 모두가 그의 광기를 부추기려고 한다. 자신들의 즐거움을 위해서든(공작과 공작부인의 경우가 그러한데, 그들의 이기심은 거의 잔인함에 가깝다),

아니면 그를 궁지로 몰아 포기하게 만들기 위해서든. 미친 사람을 광기의 방향으로 몰아붙여 광기를 치유하기, 이것이 마지막 선택이고, 그것은 성공하는데, 그 방법은 이러하다.

어느 날 아침, 돈키호테는 바르셀로나의 해변을 거닐다가 눈부신 달이 장식된 방패를 든 무장한 기사 한 명이 다가오는 걸 본다. 하얀 달의 기사―이것이 그 기사의 이름이다―는 우리의 주인공에게 결투를 신청하고, 만약 패배하면 집으로 돌아가서 일 년 동안 더는 칼에 손을 대지 말라고 요구한다. 돈키호테는 결투를 받아들이는데, 늙은 말 로시난테 때문에 패배한다. 그래서 그는 맹세를 지키기 위해 무거운 마음으로 산초와 함께 마을로 돌아간다.

그가 알지 못하는 건 하얀 달의 기사의 갑옷 아래 숨은 인물이 그의 이웃인 학사 삼손 카라스코라는 사실이다. 학사는 기발한 이달고의 광기를 끝장내기 위해 이 술책을 생각해낸 것이다.

그렇다면 돈키호테는 상상력의 원천을 소진했을까? 전혀 그렇지 않다. 돌아가는 길에 그는 아름다운 초원에 이르러 종자에게 말한다.

> 산초야, 너만 좋다면, 우리가 (…) 목동이 되면 좋겠구나. 적어도 내가 은둔해서 지내는 동안만이라도 말이다. 네게 양 몇 마리와 목동 일에 필요한 모든 걸 사주마. 나는 목동 키호티스가 되고 너는 목동 판시노가 되어 들판이며 숲을 가로지르고, 여기서는 노래하고 저기서는 애가를 부르며, 수정처럼 맑은 시냇물이나 콸콸 흐르는 강물에 목을 축이는 거지. (2편 67장)

당시 유행이던 목가 소설을 본보기로 삼은 "키호티스와 판시노의 모험". 이것이 돈키호테 이야기의 세 번째 편의 제목이 될 수도 있었을 것이다!

독자들이여, 바로 밝히건대, 이 세 번째 편은 만들어지지 않는다. 기사는 얌전히 집으로 돌아갈 것이고, 우리의 《돈키호테와 함께하는 여름》은 안타깝게도 이제 끝나가고 몇 장의 에피소드밖에 남아 있지 않으니 말이다.

하지만 그의 모험은 우리의 환상에 따라 실제로 끝없이 이어지는 것임을 누가 보지 못할까? 독재를 무너뜨리고 왕국들을 정복할 수 있는, 웃음과 패러디의 힘에 누가 한계를 정할 수 있겠나?

돈키호테의 모험은 우리 눈앞에서 여전히 이어지고, 라만차의 기사는 우리가 보기에 볼로디미르 젤렌스키의 얼굴을 취하고 있지 않나? 그는 텔레비전 시리즈물 "국민의 일꾼"에서 이상주의적 기사 같은 시민의 역할을 맡은 가상의 인물로서 국가 원수의 경력을 시작했고, 현실에서는 우크라이나라는 자기 나라의 수장으로서 자유를 위해 싸우며 그 역할을 이어갔다.

우리에게도 인류에게도 다행스럽게, 돈키호테는 단호하고 고립된 개인이라기보다는 끝없이 구현되어 무한히 이어지는 하나의 유형이다. 그래서 희극의 형태로든, 비극의 형태로든 그의 이야기는 다양한 전개로 이어진다. 여기서든 저기서든, 때때로, 지구상에서든 혹은 문학에서든, 힘도 의지도 상상력도 부족하지 않은 존재, 선의와 이상, 정의에 취한 존재가 불쑥 등장하기만 하면 되는 것이다.

41

산초가 언어의 신비를 탐색하는 지점

단순한 양치기의 삶을 꿈꾸는 돈키호테와 그의 종자를 다시 만나보자. 산초는 자신의 딸 산치카가 들판으로 점심을 가져오는 걸 상상한다.

- 그런데 조심해야죠! 제 딸은 아주 예쁜데, 목동들이 모두 착한 성자는 아니니까요. 잡으러 갔다가 잡힌다는 말도 있잖습니까. 제 딸에게 고약한 일이 생기는 건 원치 않습니다. 바람직하지 못한 사랑과 욕망은 도시에서도 시골에서도, 왕궁에서도 양치기들의 초가집에서도 똑같이 볼 수 있으니까요. 기회가 도둑을 만들고, 물항아리를 자주 내돌리면 결국엔 깨지기 마련이고, 스스로 돕는 자를 하늘도 돕는다, 같은 말도 있잖습니까.
- 산초야, 속담 좀 그만 늘어놓거라. 네 생각을 설명하는 데

속담 하나면 충분할 것을. 내가 몇 번이나 조언했잖느냐. 그렇게 마구 쓰지 말고, 꼭 맞게 쓰라고. 그런데 사막에 대고 설교하는 격이구나. 너한테는 한쪽 귀로 들어간 것이 다른 쪽 귀로 흘러나오니 말이다.

- 제가 보기에 나리, 나리께서는 꼭 솥단지를 보고 저리 꺼져, 석탄보다 시커먼 놈아, 라고 말하는 프라이팬 같습니다. 저한테 속담 사용하는 걸 나무라시면서 속담을 두 개나 쓰시잖습니까! (2편 67장)

소설의 2편 내내 이어지는 논쟁의 또 다른 반복이다. 어떤 상황에서건 산초는 제 말을 대충 끼워 맞춘 속담들로 어김없이 장식하고 마는데, 그 속담들은 독자를 즐겁게 하는 동시에 돈키호테의 역정을 돋운다. 같은 장면이 수없이 재연된다. 돈키호테가 쉬운 속담을 종자만큼 알지 못하는 걸 아쉬워할 때가 있을 정도다.

- 산초, 이 저주받을 놈아(…), 10만 명의 악마가 네놈을 잡아가면 좋겠구나, 네놈과 네놈의 속담을! 한 시간째 네놈이 속담을 염주알 꿰듯이 늘어놓으며 나를 고문하고 있잖느냐. (…)

대체 어디서 그런 속담들을 찾아오는 거냐, 무식한 놈아, 대체 어떻게 끌어다 쓰는 거냐, 어리석은 놈아! 나는 속담 하나를 제대로 인용하려면 땅을 팔 때처럼 땀을 흘리고 애를 쓰는데 말이다.
- 아이고, 나리, 별것도 아닌 일로 그렇게 불평을 하십니까! 제가 가진 유일한 재산을 쓰는 건데, 그리 화를 내십니까. 그저 속담이고, 또 속담뿐인데요. 마침 딱 맞는 속담 네 개가 쟁반에 담겨 떠오릅니다. 하지만 말하지 않겠습니다. 말은 은이고 침묵은 금이니까요. (2편 43장)

그 불가사의한 속담 네 개를 알고 싶어서 돈키호테가 말해보라고 하자, 산초는 놀라지도 않고 결국 네 가지 속담에 속담 여러 개를 더 보태서 말한다.

그는 누구보다 속담을 잘 말한다. 가난하고 읽을 줄도 쓸 줄도 모르는 그가 가진 유일한 재산은 공통의 언어, 프롤레타리아의 백과사전 격인, 속담이 전달하는 최소 형태의 지혜뿐이다. 19세기 프랑스에서 오귀스트 쥘리앙이라는 사람은 이 모델을 기반으로 《진정한 산초 판사 또는 속담, 잠언, 격언 모음집》을 주저 없이 출간한다!

돈키호테가 직접 설명한다. "속담이란 옛 현자들의 경험과 관찰에서 끌어낸 짧은 격언"(2편 67장)이니, 다시 말해 조상의 경험이 응축된 말이라고.

한 세기 전인 1500년에 인문주의자 에라스무스는 이미 라틴어와 그리스어 격언들을 모아 거기서 여러 민족의 지혜를 끌어내는 위대한 시도를 한 바 있다. 17세기에는 속담의 지위가 뿌리부터 달라져서 상류사회에서는 멸시받게 된다. 세르반테스의 소설은 두 세기의 전환점에서 두 주인공 사이의 긴장을 무대에 올림으로써 이 역사적 반전을 완벽하게 예시한다.

물론 산초는 그의 주인처럼 인문주의자도 문인도 아니고, 그저 인간일 뿐이며, 인간으로서 사회적 담론에 영향받는다. 그는 스스로 자신을 이렇게 정당화한다.

어쩌겠습니까, 제가 책 한 권에 담을 만한 양보다 더 많은 속담을 알고 있어서 한번 말을 시작하면 여러 속담이 동시에 떠올라 입 밖으로 나오려고 서로 밀쳐대니 말입니다. 그래서 제 혀는 먼저 오는 놈들을 내뱉어 버리지요. 딱 맞지 않는 놈이라도요.(2편 43장)

언어가 산초를 통해 말한다. 최고의 말도 최악의 말도, 속담도, 흑인들을 단순한 상품처럼 여기거나(1편 29장) 유대인들을 "불구대천 원수"로 여기는(2편 8장) 인종차별적 개념도. 그런 선입견들을 돈키호테는 말하지 않으려고 조심하거나 나름대로 다시 해석한다.

더구나 이런 언어 능력을 종자의 딸과 아내까지 공유해서, 마을의 신부는 몹시 당황한다.

> 아무래도 (…) 이 판사네 가족은 모두 뱃속에 속담 한 자루씩 갖고 태어난 모양이야. 입만 열면 시도 때도 없이 속담을 쏟아내지 않는 사람이 없으니! (2편 50장)

여기에 유전적인 요소는 없다. 이건 사회학자 피에르 부르디외가 말하듯이 계급의 아비투스[30]일 뿐이다. 산초 판사는 언어와 담론을 생산하는 날것 그대로의 힘이다. 다시 말해, 민중이다.

---

30 Habitus. 인간 행위를 상징하는 무의식적 성향을 뜻하는 단어로, 피에르 부르디외가 처음 사용하였다.

42

돈키호테가 세상 일주를 하는 지점

이제 우리는 소설의 마지막 페이지에 이르렀다. 우리에게 그렇듯이 문학을 좋아하는 모든 이들에게 《돈키호테》는 건축에서 파르테논 신전과 이집트의 피라미드처럼, 회화에서 모나리자처럼 반박할 수 없이 자명한 문학적 기념비가 되었다. 그런데 그 자명함은 회고적 신기루에 불과하다. 《돈키호테》는 존재하지 않았을 수도 있었고, 그랬더라면 우리는 이 작품을 알지 못했을 것이다. 이 사실을 폴 발레리는 즐겨 강조했다. 순수한 우연에 속할 때조차 절대적으로 필연적인 존재라는 환상을 주는 것이 걸작의 속성이라고.

조금 뒤로 돌아가보자. 알제에서 5년 동안 포로 생활을 끝내고 에스파냐로 돌아온 세르반테스는 나이가 서른세 살이고, 잃어버린 시간을 만회하고 싶어 한다.

그는 문학에 뛰어들어 극작품들을 써서 마드리드에서 공연하고, 시 몇 편과 목가소설인 《라 갈라테아》를 쓴다. 극작품도 소설도 큰 성공을 거두지 못한다. 직업적인 측면에서도 결과는 그리 영광스럽지 못해서 전직 군인이었던 그는 삼류 일자리로 겨우 생활한다. 게다가 불행히도 교회 소유의 밀을 징발했다는 이유로 파문까지 당한다. 직업이 안기는 모욕이다. 세르반테스는 필요 이상으로 모욕당한다.

그러는 사이 온 에스파냐가 서인도제도, 늙은 왕국에 황금과 귀한 물품들을 쏟아부어 줄 아메리카를 꿈꾼다. 에스파냐 사람이라면 모두가 그 엘도라도에서 재산을 모으길 희망한다. 《모범 소설집》의 한 단편인 〈질투심 많은 늙은이〉에는 마흔여덟 살에 서인도제도로 떠나는 가난한 집안의 이달고가 등장한다. 20년 뒤 그는 부자가 되어 금괴와 은괴를 잔뜩 지고 페루에서 돌아온다. 그렇다고 그가 사랑에서 더 행복해진 건 아니지만, 그건 다른 문제다. 이건 그야말로 아메리칸 드림이다.

"나라고 안 될 것 있어?" 세르반테스가 이런 생각을 하는 게 놀라운 일일까? 그 풍요의 뿔을 그가 누리지 못할 이유가 있을까? 여러 차례 그는 서인도제도로 가려고 시도한다. 1590년에 그는 마흔세 살이다. 그는 자기 재능에 걸맞은 일자리를 아메리카에서 구하려고 다시 신청한다. 누에바 그라나다 왕국의 재무관, 과테말라 지방의 총독, 지금의 콜롬비아에 있는 카르타헤나의 갤리선 관리자, 오늘날 볼리비아에 있는 도시 라파스의 시장市長 등의 직책이다.[31] 보름 뒤 단호한 답장이 돌아온다. 거절. "이곳에서 보상을 찾을 것." 분명히 세르반테스에게는 그의 소원을 들어줄 후원자도 교우 관계도 없었다.

이제 그는 에스파냐에서 평범한 삶을 살 수밖에 없게 된다. 그는 돈 문제로 두 번 투옥된다. 그런데 그가 서문에서 털어놓듯이, 1597년에 3개월을 보낸 세비야의 감옥에서 어둠 속에 갇혀 지내는 동안 아마도 《돈키호테》에 대한 생각이 싹튼 모양이다. 불행은 때로 뜻밖의 호의를 베푼다.

질문을 단도직입적으로 던져보자. 만약 세르반테스

---

31 장 카나바지오, 《세르반테스 사전》, 바르티야, 2021년.

가 서인도제도나 페루나 멕시코에 갔더라면 새로운 문학적 모험을 시도했을까? 그 무엇도 확실치 않다. 결국 대단히 유익한 결과를 가져온 투옥을 겪을 일이 없지 않았을까? 그런데 무엇보다 그와 동시대를 살았고, 유럽에서 눈부신 성공을 거둔 유명한 악한소설 《구스만 데 알파라체》(1599~1604)를 쓴 저자 마테오 알레만의 비슷한 사례가 떠오른다.

알레만은 세르반테스보다 운이 좋아서 1608년에 누에바에스파냐로 가는 데 성공했지만, 6년 뒤 가난과 그늘 속에서 죽었다. 어쩌면 레판토의 외팔이를 대서양 너머에서 기다리는 운명도 그랬을까? 세르반테스가 그곳에서 바라던 대로 재산을 모았다고 가정하자. 그러면 그는 계속 글을 썼을까?

대신 그는 1605년 《돈키호테》를 출간했고, 성공을 거두었다. 《구즈만 데 알파라체》의 성공에 비하면 다소 느렸지만, 비교할 수 없을 만큼 더 지속적이고 더 뿌리 깊은 성공이었다. 소설에 삽입된 〈분별없는 호기심〉이라는 이야기는 1608년에 프랑스어로 번역되었다. 1614년에는 소설 1편 전체가 번역되지만, 영국인들이 프랑스인들보다 2년 앞서 번역했다.

17세기에 이미 《돈키호테》의 프랑스어 판본은 10종이나 되었고, 영어 판본은 8종, 이탈리아 판본은 3종, 독일어 판본은 1종이 존재했다. 2세기 후에 프랑스어 판본은 100종이 넘었고, 영어 판본도 그 정도, 독일어 판본은 20종 정도, 이탈리아어 판본은 11종, 러시아어 판본은 5종, 그리스어 판본은 2종, 체코어, 헝가리어, 라틴어, 유럽의 여러 언어와 지방어는 셈에 넣지 않더라도 그렇다.

《돈키호테》가 유럽에서 거둔 성공이 눈부셨다면, 세계에서 거둔 성공도 속도는 달랐지만 마찬가지였다. 17세기에 이미 에스파냐 정복자들은 세르반테스 소설 몇 부를 개인적 즐거움을 위해 아메리카로 가져갔다. 마테오 알레만도 1608년에 자기 짐 속에 한 권을 넣어 갔다가 세관에서 압수당한 뒤 어렵게 되찾았다!

세르반테스의 소설이 비유럽 언어로 유통되는 걸 보려면 19세기 말까지 기다려야 했다. 《돈키호테》의 축약본이 그즈음 일본어로 출간되었는데, 일본 제국이 서양 문화에 문을 연 직접적인 결과였다. 모든 게 가속

화된 건 20세기부터다. 이제 일본어 번역본은 10여 종이 되고, 중국어로도 그만큼 된다.

번역 작업도 발전했다. 20세기 초, 최초의 아랍어 번역본은 프랑스어 번역본을 토대로 한 것이었다. 이제 번역본들은 에스파냐어 텍스트를 직접 옮긴다. 세르반테스가 주장하듯이 이 이야기가 무어인 작가 시디 아흐메드 베넹헬리에게 빚진 게 사실이라면, 《돈키호테》의 정당한 고향 귀환이다. 사실 이 에스파냐 소설은 시작부터 세계적이지 않았던가? 이 작품의 장황함, 이야기 구성의 힘, 서사적 복잡성은 저자가 알제에서 포로 생활을 할 때 발견한 아랍 이야기꾼들의 메아리처럼 울린다.

오늘날 《돈키호테》는 세계에서 가장 많이 번역된 열 권의 책 중 하나다. 이 책을 140개의 다른 언어로 읽을 수 있는데, 어린이를 위한 축약본도 있다. 《어린 왕자》, 《피노키오》, 《이상한 나라의 앨리스》보다는 그 수가 적지만, 기발한 이달고의 모험은 훨씬 길고 훨씬 어려운 텍스트라는 점을 인정해야 한다. 주목할 사실은 가장 많이 번역된 책 순위표에서 《성서》와 《도덕경》을 제외

한다면 세르반테스의 소설이 가장 오래된 텍스트이자, 종교적이거나 영적인 것이 아니라 순수하게 문학적인 최초의 텍스트다. 수 세기에 걸쳐 이어지는 이 영속성은 무척 놀랍다. 마치 50세의 반영웅이 영원한 젊음의 비결이라도 발견한 것 같다.

19세기 초에 최초의 중국 소설들이 유럽에 들어왔을 때, 괴테는 세계 문학이라는 개념을 개발, 혹은 고안해냈다. 얼마 후, 카를 마르크스와 프리드리히 엥겔스는 이 문학의 세계적 유통을 자본주의 승리의 징후로 보았다.

세르반테스는 문학의 세계화라는 준엄한 흐름에 뛰어들었지만, 말하자면 마지못해서였다. 사실 그는 하나의 세계화를 다른 세계화와 맞바꾸었다. 그는 역사상 최초의 세계화 중 하나, 즉 대서양을 건너 상품과 인간을 이동시키는 세계화에 가담하길 바랐는데, 비참하게 실패했다. 반면에 그의 영광에 훨씬 도움이 되는 다른 세계화에 기여하게 되는데, 운 좋게도 생전에 아직은 에스파냐·프랑스·영국에 한정된 첫 결실을 얻게 된다. 책과 생각의 세계화다. 저자가 꿈꾸었던 세계 일주를 《돈키호테》가 이뤄낸 것이다.

어쩌면 세르반테스도 결국 그걸 깨달았는지 모른다. 그는 《돈키호테》 2편의 헌사에서 실제로 중국 황제가 그에게 소설을 보내달라고 청하는 편지를 한 통 받은 척한다.

> 황제께서 에스파냐어를 가르치는 학교를 설립하고 싶으셨는데, 돈키호테 이야기를 교재로 쓰기로 결정하셨다고요. 그분은 제게 그 나라로 와달라고 부탁도 하셨습니다. 저를 그 학교의 총장으로 임명하길 바랐던 겁니다. (2편, 헌사)

하지만 황제가 여행 비용을 충당할 돈을 보내지 않았기에, 가난하고 병든 세르반테스는 에스파냐에 남기로 결정한다. 이 모든 이야기는 물론 허구이고—혹은 예언일 뿐이다. 오늘날 세계 곳곳에서 《돈키호테》로 에스파냐어를 배우고 있고, 중국 황제가 아니더라도, 최고의 명문 대학들이 레판토의 외팔이 작가를 거금을 들여 모셨을 것이다. 세르반테스의 꿈이 실현되는 걸 보기까지 몇 세기가 걸렸을 뿐이다.

저자의 좌절이 어쩌면 우리 독자들에게 더 가치 있는 것일지도 모른다. 파스칼의 방식으로 명확히 말해보자면, 1590년에 서인도 의회가 전직 군인에게 아메리카로 떠나도록 허락했더라면, 세계 문학의 모습은 달라졌을 테고, 우리는 가장 위대한 걸작 하나를 놓쳤을 것이다.

43

《돈키호테》가 근대소설을 발명하는 지점

오늘날 《돈키호테》에서 무엇이 남아 있을까? 소설을 쓸 가능성 자체라고 말할 수 있을 것이다.

실제로 세르반테스의 책은 최초의 근대소설로 종종 소개된다. 이 에스파냐 걸작은 책을 태우면서까지 기사 소설을 맹렬히 비판함으로써, 고대와 중세의 전통과 명백히 단절함으로써, 소설의 역사에서 새로운 출발점으로 자리매김하길 바라기에 그럴 만하다.

다른 텍스트들도 유럽이라는 맥락 속에서는 최초의 근대소설이라는 지위를 주장할 수도 있을 것이다. 자유분방한 환상으로 동화와 우화 쪽으로 곁눈질을 해서 직접적인 후손을 낳지는 못한 프랑수아 라블레의 《가르강튀아》와 《팡타그뤼엘》이라는 유쾌한 작품은 일단 옆으로 젖혀 두자.

반면에, 1554년에 익명으로 출간된 에스파냐 악한 소설인 《라자리요 데 토르메스의 생애》는 최초의 근대소설이라는 지위에 좋은 후보작이 된다. 출신이 비천한 주인공, 사회관계에 대한 사실적 표현, 초자연적인 것을 거부하고 세상에 대한 물질주의적 묘사를 앞세운 점, 이 모든 것은 모방작들을 낳았다. 적어도 스탕달과 발자크까지는 그렇다. 쥘리앙 소렐, 외젠 드 라스티냐크, 뤼시앙 드 뤼방프레는 라자리요의 합당한 상속자들이다.

다른 후보작도 가능하다. 라파예트 부인의 《클레브 공작부인》은 《젊은 베르테르의 슬픔》이나 《잃어버린 시간을 찾아서》 같은 순수한 심리소설의 출현에 필수적인 단계가 되었다. 세르반테스에게서도 좋은 예를 찾아볼 수 있는 도덕적, 역사적, 또는 정중한 연애 단편들도 소설이라는 장르의 발전에 중대한 역할을 했다.

사실, 최초의 근대소설들은 우리가 부각하려는 여러 유형의 소설만큼이나 많아서, 계보를 세우려는 작업에는 언제나 무의미한 측면이 있다. 창세기의 '태초에…' 같은 신화적인 표현과 달리, '최초'라는 건 대개 분산

되지도 않고, 부분적일 수도 없으며, 다양할 수도 없고, 누적될 수 없으니 말이다.

우리가 문제를 제대로 제기하고 있는가? 《돈키호테》가 그저 기사 소설과의 역사적 단절을 보여주었을 뿐이고, 그에 대한 풍자일 뿐이라면, 오늘날의 독자들은 그런 중세 소설과 케케묵은 관습에 대해 들어본 적도 없고, 이달고가 모방해서 말하는 그 고풍스러운 말투에 무감각한 상태에서 어떻게 흥미를 갖고 책에 빠져들 수 있겠는가?

사실, 18세기와 19세기의 전환점에 《돈키호테》에 주목해서 그것을 최초의 근대소설이라는 자리에 공식적으로 승격시킨 건 독일 낭만주의의 관념론이었다. 철학자 셸링에게는 최초의 근대소설이라는 칭호에 걸맞은 소설이 단 두 편뿐이었다. 《돈키호테》와 괴테의 《빌헬름 마이스터》(1802~1805)이다. 그가 그런 판단을 내린 건 소설의 역사가 아직 채 쓰이기 이전인 19세기의 문턱에서였다는 것도 사실이다.

20세기 초, 헝가리의 이론가 게오르크 루카치는 여전히 세르반테스의 걸작을 웅장한 표현으로 기독교의

신이 세상을 벌하기 시작한 시대의 문턱에서 우뚝 일어선 "세계 문학 최초의 위대한 소설"이라 했다(《소설의 이론》, 1916). 인간이 혼자가 되고 더는 어디에도 속하지 못한 채 오직 자기 영혼에서만 의미와 실체를 찾게 된 시대의 문턱, 현존하는 내세 속에 닻을 내린 역설적 상황에서 떨어져나와 자기 무의미의 내재성에 내맡겨진 시대의 문턱에서 말이다.

실제로 《돈키호테》를 궁극적인 참고문헌으로 추대한 건 소설가들이었다. 스탕달, 디킨스, 플로베르, 고골, 도스토예프스키 등, 19세기 유럽 소설의 역사를 장식한 이 위대한 이름들은 자기 작품 속에서 세르반테스의 소설과 대화를 나누며 끊임없이 영감을 얻었다.

우리는 그 이유를 잘 안다. 이 에스파냐 걸작과 더불어 우리는 미리 만들어지고 고정관념적인 틀(환상과 기사도)을 강요하는 전통적 상상에서 빠져나와 모든 상상의 근원, 다시 말해 인간의 정신에 직접 다가간다. 돈키호테의 뇌는 우리에게 창조의 작동 방식을 보여준다. 그것은 절대 충족되지 않아 항상 채워야 하는, 의미에 대한 욕구를 통해 집요한 방식으로 작동되는 작화의 메커니즘 한가운데로 우리를 끌어들인다. 하나의 세계를 지어내기, 모든 상황에서 존재와 세계를 풍성하게 창조하기. 모험이 펼쳐지는 천 쪽이 넘는 책에서 이 달고가 하는 건 오직 그뿐인데, 바로 그런 점에서 그를 기발하다고 표현할 수 있는 것이다.

《돈키호테》가 최초의 근대소설인 것은 이 메타소설이 소설적 계획의 기원 자체를 드러내기 때문이다. 그것은 허구적 환상의 원천과 그 필요성을 폭로하고, 서사적 관습을 줄곧 농락하고, 또한 그 관습들을 드러내면서 제 환상에 속지 않는 최초의 소설이다. 이야말로 사실주의의 극치다.

세르반테스가 소설을 구상하면서 범한 여러 오류가 역설적으로 이 사실주의에 기여한다. 돈키호테의 모험담이 끝난 지 몇 주 만에 에스파냐의 모든 사람이 돈키호테의 모험 이야기를 읽게 되는 엄청난 시간적 비개연성(165쪽 참고). 여러 장면이 한 문장 속에서 뒤섞인 채 이어지는 점(하지만 프랑스어 번역본은 이 결점들을 대개 지웠다)(1편 6장). 산초의 아내에게 붙여진 여러 개의 이름, 산초는 아벨라네다가 이름을 착각했다고 비난하지만

《돈키호테》의 진짜 저자도 헷갈렸다(2편 59장). 1614년 7월 20일자 산초의 편지(2편 36장)는 1605년에 출간된 소설 1편이 끝나고 한 달 정도 뒤에 쓰인 것으로 생각된다(아마도 세르반테스가 이 편지를 쓴 날짜로 보인다). 특히 산초의 당나귀를 도둑맞은 일화는 원본에서는 누락되었다가 다음 판본에 다시 삽입되면서 엉뚱한 자리에 끼어든다!

《돈키호테》 2편에서 삼손 카라스코 학사(2편 3장)와 화자 시디 아흐메드 베넹헬리는 이 엄청난 서사적 실수에 대해 언급한다. 요즘도 나는 여러 블로그에서 《돈키호테》의 저자가 보이는 프로 정신의 결여에 충격받았다는 독자들의 반응을 발견하는데, 흥미로운 일이다.

이런 서툰 실수들은 이 소설을 깎아내리는 게 아니라, 주인공의 불행한 모험을 통해 이미 충분히 경고받은 독자가 만에 하나 붙들고 있을지 모르는 허구적 환상의 마지막 자취마저 뒤흔듦으로써 이 소설의 전복적이고 실험적인 성격을 강화한다. 이런 서사적 실수는 우리를 글쓰기 워크숍으로 들어서게 한다. 그것은 우리에게 책의 창작을 목격할 특권을 제공하고, 결국 저자라는 인물을 놀랍도록 가까이서 보여준다. 제 걸작을 거의 다시 읽을 새 없이, 사소한 과실에 흔들리지 않고, 최대한 빠르게 열정적으로 써나가는 세르반테스를 말이다.

따라서 이 작품은 마치 모든 소설의 마지막인 것처럼 제 적법성마저 문제 삼는, 근본적으로 아이러니한 소설이다. 소설의 불가능성에 관한 소설로서 마지막이기에 최초이기도 하다. 최초의 소설이자 이미 포스트소설이다. 이렇게 소설적 아이러니 학파가 세르반테스에게서 나온다. 스턴, 디드로, 프랑스, 카프카, 지드, 조이스, 보르헤스, 나보코프, 베케트, 로브그리예, 에코, 루슈디, 에슈노즈 등, 이중 바닥과 미장아빔과 반사거울의 학파가.

가상 세계와 인공지능이 급속히 확산하는 이 시대에, 보편적 진지함이 우리를 짓누르는 이 시대에, 우리에게 가장 필요한 건 아마도 이 반사적 아이러니의 유희이다. 오늘날 《돈키호테》가 우리에게 남긴 것이 이뿐이라면, 그것만으로도 이미 나쁘지 않을 것이다.

44

돈키호테가 결국 죽지 않는 지점

> 이 세상에서 모든 건 시작부터 마지막까지 쇠퇴하기 마련이기에, 인간에게 속한 무엇도 영원하지 않다. 특히 인간의 삶이 그러하다. 돈키호테의 삶도 하늘로부터 그 흐름을 멈춰 세울 특권을 받지 못했으니, 그가 전혀 예상하지 못했을 때 종말에 이르렀다. 그의 패배가 초래한 슬픔 때문이었을까 아니면 하늘의 뜻이 그러했을까, 그는 열이 나서 엿새 동안 침대에 누워있어야 했고, 그동안 신부와 학사, 이발사가 여러 차례 찾아왔고, 그의 충실한 종자 산초는 한순간도 그의 머리맡을 떠나지 않았다. (2편 74장)

소설의 마지막 장은 이렇게 시작된다. 명백히 가장 감동적인 장으로, 이 장에서 돈키호테는 결국 죽는다. 하지만 전장에서 죽는 게 아니다. 그는 결투에서 패배했고, 기사도를 포기하겠다고 약속했기에 집으로 돌아왔고, 그리고 죽는다. 그런데 무엇 때문에 죽을까?

요즘 같으면 그가 우울증으로 죽는다고 말할 것이다. 그는 이성을 되찾았고, 에스파냐 사람들의 말로는 '데센가뇨desengaño'에, 즉 환멸에 이르렀다. 이제 그는 기사 소설은 터무니없는 거짓일 뿐이라는 걸 안다. 그래서 더는 이상이 없기에, 살아갈 이유도 없다.

그는 등장인물이 저자보다 오래 살아남지 않기를 바라는 세르반테스의 의도로 죽는다. 1615년, 소설 2편이 출간되었을 때 세르반테스는 예순일곱 살이다. 그는 일 년 뒤에 세상을 떠나는데, 정체 모를 아벨라네다가 이미 그랬듯이, 그가 죽고 난 뒤 새로운 사기꾼이 이달고의 모험 후속편을 출간하는 일이 없길 바란다. 그러니까 돈키호테 죽음의 진짜 범인은 저자다!

주인공의 마지막 말은 산초를 향한 말이다.

- 친구여, 나를 용서하게, 세상에 편력 기사들이 있었고 여전히 있다고 믿는 오류에 자네를 끌어들여 자네마저 나만큼 미친 사람으로 보이게 했으니 용서하게나.

— 나리, 산초가 울며 대답했다. 돌아가시면 안 됩니다, 나리. 제 조언을 들으시고 더 오래 사세요. 이 삶에서 인간이 저지를 수 있는 가장 미친 짓은 아무도 그를 죽이지 않는데 바보처럼 죽어버리는 겁니다. 우울증의 손길에 죽는 겁니다. 그렇게 게으름피우지 마세요. 그 침대에서 나와서 들판으로 거닐러 갑시다. 약속하신 대로 양치기처럼 차려입고요. 어쩌면 둘시네아 델 토보소 부인이 마법에서 풀려 우리가 상상할 수 있는 그 어떤 존재보다 아름다운 모습으로 덤불 뒤에서 나올지도 모르잖습니까. 나리를 죽게 만든 건 패배의 슬픔입니다. 모든 잘못을 제게 넘기세요. 제가 로시난테를 제대로 묶지 않아서 나리께서 넘어지셨다고 말씀하세요. 게다가 나리께서는 기사도 책에서 보셨을 것 아닙니까. 기사가 다른 기사를 넘어뜨리는 것도, 오늘 패배한 기사가 내일 승리하는 것도 흔한 일이잖습니까.(2편 74장)

옛 주인을 되살리려는 산초 판사의 애절하고 헛된 시도에 나도 목이 멘다. 그러나 알론소 키하노는 돈키호테라는 이름을 내려놓고 죽는다.

돈키호테에게는 새로운 삶이 시작된다. 고야, 도미

에, 플로베르, 도스토예프스키, 피카소, 리하르트 슈트라우스, 쥘 마스네, 모리스 라벨, 오손 웰즈, 자크 브렐, 테리 길리엄, 살만 루슈디. 수많은 예술가가 그림, 문학, 음악 또는 영화에서 이 편력 기사의 수많은 환생을 만들어낸다.

세르반테스는 돈키호테를 죽여 환생하지 못하게 막았다. 하지만 돈키호테는 불멸의 존재이고, 그의 정신은 도처에 편재한다. 이상적인 정의를 부르짖는 온갖 챔피언의 숱한 가면을 쓰고서. 이를테면 잃어버린 대의를, 칼라스, 시르방, 그리고 라 바르의 기사를 옹호하고, 또한 《캉디드》의 저자이기도 한 볼테르의 펜 아래에도 돈키호테가 있다. 《캉디드》는 계몽주의 시대의 《돈키호테》라 할 만한, 환멸에 관한 철학적 콩트다.

생애 황혼기에, 페르네[32]의 철학자는 낙담해서 환멸 어린 이런 고백을 한다. "나는 일종의 돈키호테가, 잘못을 바로잡는 자가 되었다. 하지만 돈키호테만큼 성공하지 못할까 두렵다"(1774년 7월 28일자 편지).

---

[32] 제네바와 가까운 프랑스 국경 인근의 작은 마을로, 볼테르가 정주하며 주요 저서들을 집필하고 행동하는 철학자로 활동한 곳이다.

친애하는 볼테르여, 우울은 그만 털어버리시라! 세상의 모든 돈키호테는 당신과 세르반테스만큼 성공할 자격이 있으니.

당신 주위로 세상이 무너질 때, 당신이 매달릴 어떤 초월적 존재도 더는 없을 때, 문학과 허구를 삶의 지지대로 삼고 싶어 하는 모든 이들에게, 비록 정신의 피조물일지언정 세상에 어떤 절대자를 끌어들여, 자신의 실패를 현실에 대한 이상적인 상상의 승리로 바꾸길 바라는 모든 이들에게 돈키호테는 여전히 영감을 줄 수 있다.

연보

1547년 9월 29일: 미겔 데 세르반테스가 신성로마제국 황제 카를 5세 치하에 알칼라 데 에나레스에서 출생함. 프랑스의 왕 프랑수아 1세, 영국 왕 헨리 8세가 같은 해에 사망함.
1556년: 펠리페 2세 즉위.
1564년: 윌리엄 셰익스피어 출생.
1569년: 로마로 떠남.
1571년 10월 7일: 레판토 해전. 이 전투에서 왼손을 못 쓰게 됨.
1575년 9월 26일: 동생 로드리고와 함께 에스파냐 쪽으로 항해하던 중 프랑스 해안 인근에서 무어인 해적들에게 포로로 붙잡힘. 알제에서 포로생활이 시작됨. 세르반테스는 그곳에서 네 번이나 탈출을 시도함.
1580년 9월 19일: 삼위일체 수도회의 도움으로 자유를 되찾고 에스파냐로 돌아옴.
1581년: 극작품들을 쓰기 시작하고, 마드리드에서 무대에 올림.
1584년: 아나 데 비야프랑카와의 사이에서 딸 이사벨 데 사아베드라가 출생함. 12월 12일에는 카탈리나 데 살라자르 이 팔

라치오스와 결혼함.

1585년: 16세기 프랑스의 대표 시인 피에르 드 롱사르 사망.

1585년 3월: 《라 갈라테아》 출간.

1590년: 정착하고 싶었던 서인도에서(다시 말해 아메리카에서)의 일자리를 거부당함.

1592년: 미셸 드 몽테뉴 사망.

1597년 9~12월: 세비야의 감옥에 3개월 동안 투옥됨. 아마도 이때 《돈키호테》가 구상됨.

1598년: 필리페 3세 즉위.

1605년 1월: 《돈키호테》 1편 출간.

1608년: 《돈키호테》에 삽입된 단편 〈분별없는 호기심〉의 프랑스어판이 니콜라 보두앵의 번역으로 출간됨.

1609년: 무어인들에 대한 에스파냐 추방령 발효.

1612년: 《돈키호테》의 첫 영어판이 토마스 셜튼의 번역으로 출간됨.

1613년: 《모범 소설집》 출간.

1614년: 긴 시 〈파르나소스로의 여행〉 출간. 《돈키호테》의 첫 프랑스어판이 세자르 우댕의 번역으로 출간됨. 알론소 페르난데즈 데 아벨라네다라는 이름으로 쓴 돈키호테의 모험에 대한 가짜 후속판이 출간됨.

1615년: 《돈키호테》 2편 출간. 프랑수아 드 로세가 《모범 소설집》을 프랑스어로 번역함.

1616년 4월 22일: 마드리드에서 세르반테스가 사망함. 셰익스피어가 4월 23일에 사망함(그레고리우스력으로는 5월 3일).

1617년: 마지막 소설《페르실레스와 시히스문다의 모험》이 사후에 출간됨.
1618년:《돈키호테》2편의 프랑스어판이 프랑수아 드 로세의 번역으로 출간됨.
1620년:《돈키호테》2편의 영어판이 토마스 셸턴의 번역으로 출간됨.

참고문헌

세르반테스의 작품

_《기발한 이달고 돈키호테 데 라만차》, 알린 슐만 번역(1997), 쇠이유, '푸엥' 총서, 1, 2권, 2001.
_《돈키호테》, 장 카나바지오, 클로드 알레그르, 미셸 모네르 번역(2001), 갈리마르, '폴리오' 총서, 2010.
_《돈키호테》, 장-레몽 팡로, 르 리브르 드 포슈, 1, 2권, 2010.
_《소설 전집》, 장 카나바지오 편집, 갈리마르, '플레이아드' 총서, 1, 2권, 2001.

쇠이유 출판사의 알린 슐만 번역서에서 발췌한 모든 인용은 다음과 같은 형태로 표기했다. 권(1권 또는 2권), 장章, 쪽.
《돈키호테》를 에스파냐어로 읽기를 바라는 에스파냐 연구자들은 현대 카스티아어와 종종 다른 세르반테스의 언어의 특징에 익숙해지도록 먼저 주석이 달린 다음과 같은 대역판을 참고할 수 있다.
_《돈키호테 데 라만차》(발췌본), 마리 메네샬, 포켓, 2007.

그런 다음, 아래의 믿을 만한 훌륭한 주석본에 빠져볼 수 있을 것이다.
_《돈키호테 데 라만차》, 알베르토 블레쿠아 편집, 오스트랄, 2015.

《돈키호테》와 세르반테스의 다른 작품들의 원서는 알리칸테 대학이 운영하는 '미겔 데 세르반테스 가상 도서관'에서 온라인으로 쉽게 접근할 수 있다(www.cervantesvirtual.com).

세르반테스와 《돈키호테》에 관한 저작

별(*)표는 전적으로 혹은 대부분 세르반테스에 할애된 텍스트를 가리킨다.

_ 호르헤 루이스 보르헤스, 《픽션들》(1944)과 《또다른 심문》(1952), 《전집》 1권, 장 피에르 베르네스 편집, 갈리마르, '플레이아드' 총서, 1993.

* 장 카나바지오, 《세르반테스》, 파야르, 1997.

* 장 카나바지오, 《돈키호테, 책에서 신화로: 4세기의 편력》, 파야르, 2005.

* 장 카나바지오, 《세르반테스 사전》, 바르티야, 2021.

* 아메리코 카스트로, 《세르반테스의 생각》(1925), 트로타, 2013.

* 로제 샤르티에, 《세르반테스와 셰익스피어 사이의 카르데니오. 잃어버린 작품 이야기》, 갈리마르, 2011.

* 엘리 포르, 《몽테뉴와 그의 세 아들: 셰익스피어, 세르반테스, 파스칼》(1926), 르 리브르 드 포슈, 1979.

_ 밀란 쿤데라, 《소설의 기술》, 갈리마르, 1986.

_ 마티외 렌, 《견자들》, 그라세, 2023.

_ 게오르크 루카치, 《소설론》(1916), 갈리마르, '텔' 총서, 1989.

* 알베르토 망겔, 《돈키호테와 그의 유령들》, 멕시코국립자치대학교, 2019.

* 토마스 만, 《돈키호테와의 항해》(1934), 페르낭 델마 번역(1960),

콩플렉스, 1986.
* 블라디미르 나보코프, 《문학 III: 돈키호테》, 파야르, 1986. 《문학》, 부켕(2010년)으로 재출간.
* 미셸 옹프레, 《실재는 일어나지 않았다: 돈키호테의 원칙》, 오트르 망, 2014.
* 호세 오르테가 이 가세트, 《돈키호테 성찰》(1914), 카테드라, 2005.
* 마르티 데 리케, 《키호테에 다가가기》, 살바트, 1970.
* 마르트 로베르, 《옛것과 새것》(1963), 그라세, '카예 루즈' 총서, 1988.
_ 샤를 오귀스탱 생트-뵈브, 《월요 한담 후편》, 8권(1864년 5월 9일, 16일, 23일), 칼만 레비, 1885.
* 리디 살베르, 《선 채 꿈꾸다》, 쇠이유, 2022.
_ 프리드리히 셸링, 《예술 철학》(1802-1805), 카롤린 술처, 알랭 베르네 번역, 제롬 미용, 1999.

세르반테스와 돈키호테 애호가 협회의 온라인 사이트도 강력히 추천한다(www.don-quichotte.org).
아벨라네다 이후로 나온 《돈키호테》의 속편은 여럿이다. 가장 최근에 출간되고, 세르반테스의 어조와 세계를 가장 성공적으로 반영한 경우는 2권으로 된 안드레스 트라피에요의 작품이다.

_ 《돈키호테의 죽음에 대하여》, 알리스 데옹 번역, 라 타블 롱드, '라 프티트 베르미용' 총서, 2019.
_ 《산초 판사의 후속 모험과 끝》, 세르주 메스트르 번역, 라 타블 롱드, '케 볼테르' 총서, 2019.

옮긴이의 말

일생을 함께해도 좋을

  몇 해 전부터 매년 "○○○와 함께하는 여름" 시리즈를 옮기느라 한 작가와 더불어 여름을 보내고 있다. 호메로스, 위고, 랭보, 프루스트. 지금까지 함께해온 작가의 이름을 적고 보니 그 무게가 묵직하게 느껴진다. 여름을 함께 보낸다고 말했지만, 실은 독자들이 이 작가들과 함께 여름을 보낼 수 있도록 번역자로서 나는 매해 봄을 이들과 함께 살았다. 올해 봄은 좀 특별했다. 한 계절을 함께 보낸 이가 작가가 아니라 소설 속 인물, 돈키호테여서다. 이 책 《돈키호테와 함께하는 여름》의 저자가 내놓은 설명을 굳이 듣지 않아도, 제목을 듣는 순간 왜 세르반테스가 아니고 돈키호테인지 충분히 알 것 같았다. 간혹 작품 속 인물이 점차 신화적 인물로 진화해 저자를 압도하기도 하는데, 돈키호테가 바로 그런 경우다. 돈키호테는 저자의 손을 떠나 독자적으로 살아 움직이는 하나의 상징, 의미를 잃고 오작동하는 세상에 맞서 거듭 깨지면서도 싸우는 인간의 상징이 되었으니 말이다.

역사를 통틀어 《돈키호테》만큼 다양한 분야에서 재해석되고 변주되는 문학작품이 또 있을까. 첫 책이 출간된 지 420년이 흐른 오늘날까지 이 작품은 그림, 판화, 만화, 조각, 연극, 영화, 발레, 뮤지컬, 교향곡, 오페라, 대중가요 등 장르를 넘나들며 변신을 거듭해왔다. 도레, 도미에, 고야, 피카소, 달리 같은 화가들, 그리고리 코진체프, 오손 웰스, 테리 길리엄 같은 영화인들, 텔레만, 마스네, 살리에리, 슈트라우스, 라벨 등의 음악가들이 저마다 깊은 애정을 드러내며 저만의 방식으로 이 작품을 새롭게 조명했다. 문학의 거장들도 최초의 근대소설이라 불리는 《돈키호테》에 대한 오마주와 찬사를 앞다투어 쏟아냈다.

작가들은 '돈키호테'라는 이름을 단 작품을 써서 직접적인 오마주를 표하거나[33], 자신의 모든 근원이 《돈키호테》에 있다고 고백했다(플로베르). 그런가 하면 "모든 소설에는 《돈키호테》가 있고"(오르테가 이 가세트), "돈키호테 이후에 쓰인 소설은 모두 돈키호테를 다시 쓴 것이거나 그 일부를 쓴 것이며"(르네 지라르), "모든 소설은 어떤 식으로든 다 세르반테스의 자손들"(밀란 쿤데라)이라고 한목소리로 말했다. 또한 《돈키호테》가 "인류의 성서"(생트-뵈브)이고, "인간의 정신이 낳은 최고이자 최후의 걸작"(도스토예프스키)이라는 극찬도 아끼지 않았다. 그 밖에도 카프카, 디드로, 톨스토이, 멜빌, 투르게네프, 프루스트, 디킨스 등, 이 작품에 경의를 표하고 그로부터 받은 영향을 기꺼이 털어놓은 작가는 이루 헤아릴 수 없을 만큼 많아서, 2002년 노르웨이의 노벨연구소가 세계적인 작가 100명에게 추천을 받아 선정한 '역사상 최고의 소설 100선'에서 《돈키호테》가 1위를 차지한 사실이 조금도 놀랍지 않다.

이 책을 옮기고 나서 오랜만에 《돈키호테》의 서문

---

33 루슈디의 《키호테》, 보르헤스의 「피에르 메나르, 《돈키호테》의 저자」, 토마스 만의 《돈키호테와의 항해》, 오르테가 이 가세트의 《돈키호테 성찰》 등.

을 다시 펼쳤는데, 그동안 여러 번 읽고도 큰 감흥 없이 지나쳤던 저자의 말이 새삼 마음에 다가왔다. 소설을 완결하고 나서 쓴 게 분명해 보이는 서문에서 세르반테스는 자신의 미친 기사 이야기가 "더할 나위 없이 아름답고 가장 고상하고 가장 빈틈없고 재치 있는 책"이 되기를 바라는 마음을 털어놓고는, 자신의 책이 독자들에게 이런 반응을 일으키길 기대한다.

"우울한 독자는 웃음을 터뜨리고, 쾌활한 이는 더욱 유쾌해지고, 우둔한 이가 화내지 않고, 민첩한 이는 기발함에 탄복하고, 근엄한 이도 이야기를 멸시하지 않고, 지혜로운 이는 칭찬하지 않고는 배기지 못하길…"

세르반테스의 바람은 이루어진 듯 보인다. 출간 직후부터 독자들의 사랑을 받은 책이지만, 그 사랑이 4세기가 넘도록 이어지리라고는 저자도 예상하지 못했을 것이다. 140개 언어로 옮겨진 그 책은 어느 공간, 어느 시간에 어떤 독자가 읽어도 무언가를 얻게 될 책이 되었다. 우울한 독자에겐 웃음을 제공하고, 꼼꼼한 독자에겐 뜻밖의 성찰을 선사하고, 성공만 좇던 독자에겐 실패할 용기를 주고, 불의 앞에서 눈감은 독자에겐 정의롭고 싶은 충동을 불러일으키고, 환상도 이상도 사라진 삭막하고 밋밋한 세상에서 따분해하는 독자에겐 모험과 환상을 꿈꾸게 할 책. 누구든 몇 번이고 읽어도 새롭게 읽힐 책, 그것이 소설 《돈키호테》다.

이 《돈키호테와 함께하는 여름》의 저자 윌리엄 마르스는 익살스럽고 독창적인 필치로 마흔네 편의 스케치를 통해 《돈키호테》를 꼼꼼히 읽어낸다. 1편 도입부부터 돈키호테의 죽음으로 끝나는 2편의 결말까지, 그는 기발한 이달고 이야기 전체를 좇으면서 독자가 미처 감지하지 못한 세세한 점들을 짚는다. 그의 독서는 '기사 소설의 환상에 빠져 허황한 꿈을 꾸다가 망가지는 미친 기사 이야기'라는 《돈키호테》의 외피 너머로, 익살과 웃음 너머로 비밀스러운 성찰을, 놀라운 깊이를 발견하도록 독자를 이끈다. 아마도 이 책을 읽고 나면 독자는 앞에서 언급한 그 많은 예술가, 작가들이 이 오래된 소설 《돈키호테》에 왜 그토록 홀려서 찬사를 쏟아냈는지 이해하게 될 것이다. 어쩌면 소설의 결말이자 이 독서의 결말이기도 한 돈키호테의 죽음에 이르러서는 웃음과 더불어 시작한 독서를 울음으로 끝내게 될지도 모른다. 그리고 저자의 말처럼 《돈키호테》와 더불어 여름 한 철이 아니라 일생을 함께하고 싶어질지도 모른다.

2025년 여름

백선희

돈키호테와 함께하는 여름

첫판 1쇄 펴낸날 2025년 7월 3일

지은이 | 윌리엄 마르스
옮긴이 | 백선희
펴낸이 | 박남주
편집 | 박헌우
마케팅 | 김이준

펴낸곳 | (주)뮤진트리
출판등록 | 2007년 11월 28일 제2015-000059호
주소 | 서울시 마포구 토정로 135 (상수동) M빌딩
전화 | (02)2676-7117 팩스 | (02)2676-5261
전자우편 | geist6@hanmail.net
홈페이지 | www.mujintree.com

ⓒ 뮤진트리, 2025

ISBN 979-11-6111-150-6 04860
    979-11-6111-071-4 (세트)

* 책값은 뒤표지에 있습니다.